中國典籍日本注釋叢書

五經卷

9

周易新疏／上

[日]林羅山　等撰
張培華　編

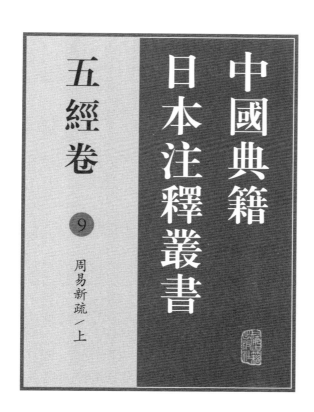

目録

周易新疏（上）

［日］河田東岡　撰

周易新疏（上）

［日］河田東岡　撰

易新疏　上經　一

河田子行先生著

周易新疏

再校

閑谷敬蔵先生著

易彖解

新刻

浪華心齋橋通山口屋春堂亭

刊周易新疏引

淡水子受易於吾家君、學既通、退移居南郊、研精新疏、獨善自樂、來謂余曰、周易之有新疏、譬如疏九河淪濟漯、羣言汜濫、爲之一新、彖因卦主而繫焉、爻之非畫名、九六之示變之類、皆能滌源、從源達流、遡而還之粹如也、是其言立乎天地間、則雖聖人復起、必有取焉、先生在官二十有餘年、鞅掌殊甚、今天使先生閒、吾輩得且暮遊於門下、井谷射鮒、又幸而遇新疏出時、奉以自樂、獨樂不若與人、吾欲梓以傳焉、盍爲我請之先生也、余曰、從兄大雅志也、不幸而逝矣、我欲繼吾兄志久矣、雖然刻非都會地則不便、子爲之奈何、淡水曰、安倍恭庵與我謀之、我往京師督之剞劂、居者給用、則刻就不過數月矣、余輒喜甚、趨庭請命、謹書所與聞焉如左、在昔孔子脩六經、易自伏羲、樂自黄帝、書自唐虞、詩自殷湯而盛於周、春秋桓文之事、禮則異於是、道之體也、人之所以自別於禽獸者、以有禮也、蓋伏羲法象天地、始作八卦、三極立焉、禮教本焉、是故繫辭終篇所論、歸乎知禮矣、知崇禮卑、崇效天、卑法地、乾坤其物也、坤初之動防未然、足以蔽禮矣、禮始於謹夫婦、謹夫婦在厚男女別、乾道教男、坤道教女、唯俞革絲不同席、不共食、自幼異習、其別定矣、男女有別、而後夫婦有義、夫婦有義而後父子有親、君臣上下各有分、繫文有所錯矣、設令夫婦无義乎、有母子无父子、禽獸何擇焉、咸見夫婦而首下經、與上經乾坤對、否而遍、敬而和、王化本也、且夫易簡爲要使人易知易從、其於邦家也、如屯之建侯、經綸草昧、師行險而順、損益爲盛衰之始、六十四卦之奥、莫往不示、治道大範者矣、至其節目、則時王之制是守、故曰唯其時物、孔子傳周禮、待繼者化裁祖述堯舜亦取其文華已文華之著莫著於服黃帝制官服而衣裳之治始唐虞暨古觀象三代因焉有均服而治者大同似邪政之所先莫先於名有名不必正而治者雖非彬彬之美綱常可以揭矣易主質敎觀其會通以行其典禮不拘末儀誘貞悔於吉利鼓舞以濟民行凡異域殊俗生民之道无出於易之外者故曰天地設位而易行乎其中矣所謂衰世之

意者亦在其中邪詩書禮樂雖盛世之所造上在質勝時切於義用者莫善於易孔子晚喜易至韋編絶亦傷道之不行也聖人憂天下來裔深矣爲以其難學而待晚好者非知易者也

天明四年甲辰之春　男　希傑謹識

周易新疏序

東岡先生周易註成授之大雅大雅跋其書之所以成而以與二三子僕余從其後蓋大雅有公世志焉病其言簡先生爲分疏之用力十數年名曰新疏而未脫稿大雅祗役　東都居三年不幸而歿于　都邸曾新疏稿脫先生悲大雅之志无如其稿何屬之於余泫然流涕曰子與錫也遊盍爲死者題一言於此書也嗚呼余

何言先生立言於千歲聚訟後正名折衷虛靈洞徹之見窮神豈容吾儕稱道焉哉雖然大雅跋昔者余序今日以繼大雅志亦足以比異季子懸劔邪又奚固辭易道雖大矣余述其所與聞邪先生有言禮樂行而易隱禮樂衰而易顯禮樂藏易易又藏禮樂藏之者用也顯之者仁也明王不興孔子不遇禮樂直爲觀美故曰人而不仁如禮何人而不仁如樂何惟是述而不

作刪詩書正禮樂筆削春秋以待繼周者因既而贊易以發其源與命與仁亦衰世之教焉耳矣文王孔子憂患一也故曰文王巳歿文不在茲乎夫人心危差若毫釐繆以千里聖人研幾於易示人向背繫以吉凶利不利之辭以鼓舞天下不分貴賤不問賢愚誘天祐於貞悔生生日新與天地準仁且知道之極也夫道也者形而上者也人孰能體其全哉其唯孔子乎毋意

毋必毋固毋我渾然易邪乃天也天何言也故曰吾无行而不與二三子者顏淵潛心於斯喟然發高堅前後之歎神无方而易无體者非邪禮云玉帛乎哉樂云鐘鼓乎哉鐘鼓玉帛器也下學其器上達其道然後四代禮樂可以化裁矣次之者子貢性與天道之言非易而何哉凡此數言先生得之易者也先生武人也淑穰苴吳孫書皆有成說又自幼好經藝其所談笑微

辭奥旨、出人意外、至於請益、則遜讓不敢發其所見、曰諸經傳註雖有異同、並存擇善、大體自明、唯易一經、紊亂殊甚、吾竊慨焉、嘗適 平安問朱易於三宅氏、後治東涯徂徠學、此諸賢者、皆命世之士也、而今觀先生於易、卓越諸賢遠矣、猶且不敢抗衡先儒、初稿成、名之以雋詁錄諸説雋永者也、尋修其條理、名曰新疏、比業於穎達輩也、雖然至於獨悟之妙、不傳之秘、則直

以行之揭而示之有不憚者矣易道由此一新光乎永世乃知新疏之名不虛矣

安永庚子之夏六月朔旦

門人　伊藤祐胤世父謹撰

書周易雋註後

聞之人之言季父子行幼而學壯而不厭是錫之所弗及見也成童而夫子既強試監于藩治農府吏事鞅掌學之不講數年遷服學政夙夜走君所蓋有感乎學易可以無大過之言邪著雋註八卷及別錄一卷方脩其業錫也常在側食而出歸而晡晡則手筆夏之夜冬之夜不扇不爐精思更改明發不寢者一月率不下十日

三年而成嗚呼夫子右關一齒爲之闕其勤苦
有如此者矣時而言性與天道得與聞焉微乎
剖蠶絲大乎包羅宇宙而誘之平易坦然擯王
韓虛无破程朱理窟又有不跡我伊藤荻生諸
名賢之說者矣如正爻畫陰陽剛柔九六之名
發爻之言乎變之義明窮理盡性之實辨制器
作器之分皆專美千古至以貞悔爲易教之要
則示人之意甚深切矣而其言曰上焉因王韓

程朱之詁下焉反三隅於近歲諸賢之言苟貽訓家庭云爾夫子之於業也有功而不德如此厚之至也書成而授之錫恭以吾輩豈私於家之書哉錫謹書

周易鄙註成授之錫後因錫求旋次脩改歷年十數錫也自側輔助之義精微者出於錫之思過半錫今歲四十一不幸而死噫余憊矣无復脩補之益乃不家藏與同人俱講以

成_(ス)錫_(カ)志_(ヲ)一

安永八年巳亥之冬十二月望日方翁識

周易新疏目錄

周易新疏目録畢

義例

一凡卦自下而上故最下第一畫爲初最上第六畫爲上不曰初終上下而曰初上者互文明初下終上之義且初者本其事之辭有微而未著之義上則過高鮮克有終故不言下終蓋亦寓愼事於初居危其高之意初二三爲內卦爲下卦四五上爲外卦爲上卦

一卦內初三五爲陽位二四上爲陰位六位有名而无形故以陰陽爲名至斷連一一畫則有形之可見故名以剛柔譬之天陰陽地剛柔

焉。剛畫爲陽爲明爲光爲大爲實爲貴爲富爲士夫爲君子。柔畫爲陰爲闇爲迷爲小爲虛爲賤爲不富爲女妻爲小人之類皆象耳。

一蓍數有九六七八。九爲老陽六爲老陰七爲少陽八爲少陰。蓍陽而動故用少陽不變之數。七七四十九分掛揲歸以除之則正策或四六二十四或四七二十八或四八三十二。或四九三十六矣。七八少而不變九六老而變。爻辭觀其變象以繫焉。故每爻稱九六。

一乾坤震巽坎離艮兌八卦序次因重則八八

六十四。乃少陰不變之數卦德之所以方知
也。內卦爲貞外卦爲悔一貞八悔又本卦爲
貞之卦爲悔夫貞以恒德悔以改行易教之
要。故取以爲稱別錄論之詳矣
一卦辭謂之象畫辭謂之爻。說者混爻畫陰陽
剛柔九六之名。稱畫之剛柔曰陰爻陽爻稱
剛居陽位曰陽居剛居九又曰剛居剛居九。
又曰九居九居剛。稱居陰位曰居柔居六其
稱柔亦如之紊亂殊甚遂至疑文言九四重
剛。而曰九居四非重剛失之遠矣。今所引用

先賢之說皆檃括以正其名

一剛居陽位柔居陰位爲正剛居陰位柔居陽位爲不正又內卦以二爲中外卦五爲中故有中正不中正二五取中故中重於正柔在二剛在五者雖正乎有君自用而臣不能輔佐之象柔在五剛在二者雖不正而有君能聽於臣之象如此者有時乎正不如不正也三四唯正爲當行初上爲无位人之居故皆不言位

一初雖微下然其位陽最遠於五非人臣象故

剛在初者多爲自崛起於下者柔則爲民民非君之私有乃天民也二中於下而陰且與五合爲純臣居三雖下亦陽而與五隔非純臣象在下之上者之通位故多言諸侯四則近君雖在上反輕於二又爲强臣迫君五尊上位外是六位大概也然易之活例輙非一塗不可拘拘矣

一初四二五三上剛柔相對曰應在上者爲應援在下者爲應輔又爲應助有曰應與者通上下之辭剛剛相對柔柔相對曰不應又曰

敵應初二三四五上相並曰比在上爲乘在下爲承應重二五比重四五君臣之過四則近而承五二則遠而應五近者多懼貴乎小心故剛健不如柔順且行必正遠者有爲貴乎幹才故柔善不如剛果所主在中而事不必正矣

一三畫卦乾坤純乎不別卦主矣餘卦一畫爲主二畫屬之震坎艮剛爲主巽離兌柔爲主

一六畫卦亦有成卦之主如乾五坤二屯初蒙二是矣彖辭多因其爲主者以斷一卦是覩

玩要訣也

一三畫卦有方位。六畫卦有十二月配氣六十四卦。皆有兩兩相對之義。別錄圖之

一註中稱變。如王未克變之變。謂改其行也。變剛變柔者。沉潛剛克高明柔克之意。有剛可有柔可。時勢皆爾。正文吉凶者。行之美惡。吉人爲善。凶人爲不善。及迪吉逆凶。皆同義。利不利。事之成敗。人或見吉凶利不利字。槪爲占辭者泥

程伊川曰。一畫之剛。常包函數意。聖人常取其

重者而爲之辭

卦象不可爲典要而辭則有典常特取其重者也知此始可與言易已

朱紫陽曰易說譬如燭籠添一條骨則障了一路明若能盡去其障使之統體光明乃更好此言當爲學則也如今所解視諸先賢之說蕪穢殊甚古人有言校書如掃塵隨掃隨有況立言於羣言混殽之中而欲講明聖經譬如以蠡測海千改萬脩豈有窮盡哉亦唯初學由是以知易之取象有所從來而玩辭於

象則庶乎比之魚兔筌蹄歟余生僻地且吏事鞅掌不能涉近世述著書豈以爲自足哉然學聖經者不求備於一家言其如博涉俟來者矣

河田孝成識

周易新疏卷一

因幡　河田孝成　著

上經

周禮三易。一曰連山。二曰歸藏。三曰周易。其經卦皆八。其別皆六十四。蓋伏羲始作八卦。因重爲六十四卦。其時未有易名。因其經卦。而合名之曰八卦。又有連山歸藏之名。說在別錄。謂之易者。因交易變易之義云。相傳文王作彖。周公作爻。故曰周易。其書本乎陰陽兩端。分物爲二。示人向背。如剛柔動靜吉凶消長。及乾與坤對。屯與蒙反。无適不兩。比篇分上下。蓋亦類也。繫辭稱之二篇。篇名尚矣。此曰經者。後人別之翼耳。

䷀ 乾下乾上

乾元亨利貞

奇畫曰剛。三畫曰卦。卦掛也。掛物象示人之義也。純剛之卦謂之乾。乾健也。易本八卦。乾坤震巽坎離艮兌。其大象爲天地雷風水火山澤。而又各有雜象。八卦相錯爲六十四卦。此卦重乾。故六畫卦名亦謂之乾。此伏羲之作也。元亨利貞文王所繫之辭。所謂彖也。並下六爻用九。乃周易也。後皆倣此。卦下本註乾下乾上。下降也。上升也。降者來爲內卦。升者往爲外卦。蓋乾降乾升。有天行剛健周旋不已之象。至用之於占。則无典要。或以爲天道。或以爲人事。或以爲器財動植。說卦所說是其物也。而文王以爲王者之事。託占以垂義敎。故繫以元亨利貞。元善之長。如書稱允元德元類。皆同義。謂上人之德。文言云寬以居之。仁以行之之元之謂也。亨聘亨之亨。借以爲通。利謂利益。貞謂不變。凡事不正則不能不變。雖正不守亦變。故貞有正而守意。夫六位初三五爲陽。二四上爲陰。剛居陽位柔居陰位爲正。反是則不正。又二五爲中。此卦初三正而不中。二中而不正。四上不中不正。唯五中正以爲卦主。有元良得位。精一執中。以統天下之象。故曰元。夫元則聲敎亨。亨則人各正性命。以受天祐。吉利萬國咸寧。所謂天下之動貞夫一者也。伊尹曰一人元良。萬邦以貞。亦此意。但人心靈而易遷。知誘於外。好惡无節。苟不守則失其正。不得全其利。然執而不變。亦有不達事變之失。故又有貞凶貞厲不利君子貞之文。唯元以施敎。乃能利天下貞。是雖以王者發義。擬議變化。可用以為邦君家長之事。又可以為一時制行之事。夫卦象雖无典要。而率辭揆方。既有典常如此。易之所以與於周。與詩書俱。其在斯矣。凡物聚必有主。如乾六剛。五為之主。坤六柔。二為之主。及屯初蒙二。可見。彖辭因其為主者。以斷一卦。後可以例推焉

初九。潛龍勿用。天風姤 ䷫

六位一曰初。而六曰上。互文明初下終上之義。避九六之六亦在其中矣。夫自下而上。自然之勢。而上則窮位。多不能終。故不曰終而曰上。誠意深矣。九者蓍數也。九為老陽。七為少陽。老變而少不變。動者尚變。故觀變象以繫辭焉。是稱九之義也。潛龍勿用。周公所繫

之辭所謂爻也效天下之動者也筮遇乾者
唯初得九其餘皆七則乾之姤下爲巽巽爲
入爲不見爲稱而隱龍四靈之一剛在最下
而之隱隱入不見故其象爲潛龍於人爲賢而
隱微下者於事爲初而難知則是未可用於
世之時也故戒之曰勿用夫卦象无窮故至
觀象玩占則不局於辭且二畫變以上皆无
辭唯乾坤有二用耳故辭固不足以盡象變
雖然因占示義教之情則見乎辭是故君子
居則觀象玩辭動則觀變玩占是以自天祐
之吉无不利筮法繫辭大
衍章詳焉占法見別錄

九二見龍在田利見大人 天火同人䷌

以九得二則乾之同人下爲離離爲相見而
旣出潛是見龍也田所田獵之處變正與五

應爲五所獲故曰在田言登用也又離爲文
明二則陰位而下之中爲純臣居文明之人
中於臣位而同於人故曰利見大人大人指
五乾之二中而不得位動以正剛健而之文
明剛健性之德也文明學之成也中居之宜
也正位之得也四者九二兼之故二亦稱大
人義如九
五朱說

九三君子終日乾乾夕惕若厲无咎　天澤履

乾之履下爲兌陽位過中是爲過陽而與初
二重剛乾之爻乾者也且變有履虎尾之危
君子觀乎此者終日健健自強向夕猶且惕
若則雖危无咎矣兌爲西方交於二四亦爲
離象離日見西且三下之終故曰終日曰夕
此爻辭主勉強故不言龍直言君子君子剛

象。蓋戒變柔也。

九四、或躍在淵、无咎、　風天小畜 ☰

乾之小畜。上爲巽。巽爲疑。爲不果。故曰或。又爲進退。而四去下而上。故曰躍。淵亦謂四。陰位不及中。是爲至陰。至陰爲柔。互離合明。淵之象也。龍。鱗蟲。魚類耳。巽有魚象。故不言龍也。四亦重剛。近君多懼。非如初之无用。但能稱時。雖躍而入在淵。則疑於進。而安於退。所以无咎也。巽象魚。說在剝卦。古本或作惑。象文言同。占字通用。如孟子無或乎王之不智。惑作或可見矣

九五、飛龍在天、利見大人、　火天大有 ☰

乾之大有。上爲離。剛健中正。位乎天德。而動也文明。象曰中天。爲聖人與而照臨萬邦之義。離有飛象。如明夷于飛。可見。故曰飛龍。與之卦交如威如相發。但彼以繼統之上言之。此則與王制作之事。朱熹曰。所利見者。在上之大人爾。若有其位。則爲利見九二在下之大人也

上九亢龍有悔。

澤天夬 ☱

乾之夬。上爲兌。兌說也。窮高自說。所以有悔也。卦辭利貞。因五中正。過則有悔。是謂貞悔之敎。易之要也。別錄論之詳矣。朱熹曰。易辭有吉凶悔吝。蓋吉凶相對。而悔吝居其中間。悔。自凶而趨吉。吝。自吉而向凶也

用九。見羣龍无首。吉。

占有用七。有用九。乾六剛皆七。則元亨利貞。其繇也。是用七也。六剛皆九。則左傳所謂乾之坤。見羣龍无首吉者。即此繇也。是用九也。乾爲庶物首。有創業象。坤順承之。有守文象。又乾之羣剛。割據不相從。坤之羣柔。卑順无逆者。用九創業變爲守文。見羣雄皆雌伏无爲首。觀乎比上无首凶。則疑不吉。故言吉。凡稱吉凶者。皆義疑者也。故曰。定之以吉凶。所以斷也

坤下
坤上

坤。元亨。利牝馬之貞。君子有所往。先迷後得主。

利西南得朋東北喪朋安貞吉

偶畫曰柔。純柔爲坤。坤。順也。重坤順之至也。而二中正。爲主乎下。象重臣方正者。故稱元。又厚德載物。猶地道化光。故爲亨。又爲利。爲牝馬之貞。牝馬順而能行。牧馬羣牝隨一牡之類。其順性可見矣。凡易辭言卦象者。與人取焉者。多兩義者。如元亨利貞。卦象本有此四德。至人取之。則合而一之。以爲其德元則其道亨。而能利其貞。故牝馬貞亦坤之一象。初不與利字相屬焉。其於人也。爲利在順貞如牝馬。亦處平世之所宜也。又乾先坤後。有父祖始子孫終。君令臣行之義。故君子有所往。而先則迷。後則得主。迷因彔闇。得主因承乾。先迷後得主爲句。利西南得朋東北喪朋爲句。西南陰始用事。往則得朋。東北反是往則喪朋得朋之利。固其所也。喪朋之利。孔穎達所謂臣立君朝。女入夫家之類。是也。亦唯能安而貞。則不啻保其利而已。德行之吉。亦足以稱焉。安靜之所以應地道也。吉利之分。說在謙

初註

初六履霜堅冰至　地雷復䷗

六亦著數。陰退。八爲少。六爲老。故言六以示其變。坤初變則之復。下爲震。震爲足。故言履。坤陰物。初爲剛。象陰始凝。故言霜。有順長將爲乾之端。乾爲冰。取義於堅。故曰堅冰至。夫乾君道也。坤臣道也。聖人於坤初之動。戒臣爲君庶嗣宗之變。所以防漸慮微。亦因復小而辨於物。亦因震象恐懼脩省。垂訓於未然。蓋禮教之源云

六二直方大不習无不利　地水師 ䷆

坤之師。下爲坎。正位於內。故曰直。直其正也。坤爲地。其德方。方其義也。象臣執正義。故以直方推之矣。大。因變剛帥師象。而謂泣大事。凡易辭。剛爲大柔爲小。習亦坎象。大事宜講習。然遇變者有不可習焉者。夫二本中正。爲純坤主。至靜而安。平世持重之臣也。變剛爲上下所歸。獨勞於坎險中。其任益重。但能體正義。則泣大事人不疑其所行。一心力以助之。不勞而功成。猶地道光。故爲直方而大。則雖不習而无不利。如義師衆之所與。卒而可與。亦有此意矣。

六三含章可貞或從王事无成有終　地山謙 ䷎

坤之謙。下爲艮。三象諸侯。故言含章。含柔徳。章。謂百司儀章。姤五含章。豐五來章。皆同其義。乃剛美象。變剛止陽位。在外坤内。含而待時。但治安之央。互有震威。恐其輕動。故以可貞戒之。或從王事。无敢自成。行止唯命。乃能有終。終亦三象。若妄自用。則雖有功。或不免矣。與勞謙君子有終相發。按經言或者。三上與四也。三上過中。而四近君。皆不安之地。然亦因巽象。不因巽象者。此爻及訟上耳。

諸侯之從王事非常事。故此爻或之也

六四。括囊。无咎无譽。

雷地豫 ䷏

坤之豫。上爲震。坤爲布。兩布相合之際。一剛來而貫之。爲豫備象。括囊是肖。以喻噤口不露其才也。四本柔質。靜居至陰。右方正操。但治安既過半矣。變有朋簪之義。順長否塞將

至賢者言不聽。適足以速辱。故戒之如此

六五黃裳元吉、水地比䷇

坤之比。上爲坎。黃。中之色。裳。下之飾。元。善之長。坤文含在中。是得其本色。故曰黃。以喻心術之美。又乾衣坤裳。其順承乾。猶裳之飾下體。稱於衣文。故曰裳。以喻其臣職。又坎水潤下。得長人之德。故曰元。蓋坤臣五尊。臣居尊位。乃攝位之事。其任甚重。故黃裳元一有闕。則不能吉矣。或曰。坤五守文之主。而變有興王象。自坤而之則爲中興象。繼統之主。奉祖宗之業。亦猶臣之承君意。其義一也

上六龍戰于野。其血玄黃、山地剝䷖

坤之剝。上爲艮。一剛將止於羣柔上。羣柔剝之。猶昭公圍成。齊師戰于炊鼻之事。以其歸重於剛。故曰龍戰。居君位外。故曰野。血陰類剛傷柔之象。而此則剛來犯柔。柔反拒之。剛柔皆傷。故曰其血玄黃。玄天色。黃地色。胡炳文曰。乾六爻皆取龍爲象。坤之取象。曰履霜。曰直方。曰含章。曰括囊。曰黃裳。曰其血玄黃。不一而足。陽純而陰雜也。孝成謂物相雜。亦

坤文
象

用六。利永貞。

占有用八。有用六。坤六柔皆八。則牝馬安貞。其繇也。是用八也。六柔皆六。則變之乾。乃此繇也。是用六也。有用爲君。小爲大之象。故戒以永貞。夫安貞之吉。應地无疆。故用六雖遇

周易新疏　卷一

變。而不敢變其操。安靜可以永守順德。如舜禹不與。文王服事。是其至者也。但命之所歸。不可辭焉耳。故象曰以大終。苟有欲速之心。不免悖逆之凶矣。諸卦剛柔雜居。故特於乾坤言用九用六。以示變象占之義。夫一卦變爲六十四卦。乃六十四卦之變。有四千九十六。而爻辭唯三百八十四耳。辭主義敎。不足盡變象占明矣。

䷂ 震下坎上

屯元亨利貞。勿用有攸往。利建侯。

爲卦震遇坎。震者剛柔始交。坎者剛陷於二柔。猶陰陽始交。其氣鬱結。故其名爲屯。屯難也。然震動乎坎險中。初剛正主於一卦。有大者亨而貞之象。故爲元則亨。使貞者利。又震足向險。故不可用有所往。又震雷坎雨交動以生萬物。滿盈蒙昧。有天下未定。禮文不明之象。宜建諸侯以撫方土。故曰利建侯。亦因震爲威武。爲殺爲長

初九磐桓利居貞利建侯

水地比 ䷇

屯之比。震爲坤。初爲動主。遇險而不能進。故磐桓也。居貞。謂守正而不之也。屯難之時得勢於初。雖未能舉事。而志在行正。故遇變而不之能守其操。所以利也。曰磐桓。曰居。皆因震足。又互卦二至四坤。而初以貴下之。爲坤衆所歸。建侯之利。與象同。象因卦主可見矣。不言之卦義者。此初民象不足稱也。後凡此類。皆可以例推焉

六二屯如邅如乘馬班如匪寇婚媾女子貞不

字十年乃字　水澤節䷻

屯之節。震爲兌。中正應尊而乘初剛。近不相得。故屯邅也。又震足動。故邅廻不能寧居。又爲馬。作足。故曰乘馬班如。班如分布未進貌。亦屯鬱之象。匪非也。意不迫切。故亦訓爲不矣。寇。坎象。説在需卦。重婚曰媾。婚媾者。厚交之辭。左傳云。如舊婚媾。屯二下畏初。上慮五之險。似无所適從。然五不爲寇。則將往歸焉。變兌少女在内。不與五應。亦无初之求。故曰女子貞不字。節二所謂不出門庭者也。雖凶道。而屯時有以之免焉者。且十年數窮。其難兌解。乃可以事五也。十年因互坤。説在復卦。朱熹曰。字許嫁也。禮云。女子許嫁笄而字

六三。即鹿无虞。惟入于林中。君子幾不如舍往

吝　水火既濟 ䷾

屯之既濟。震爲離。震威離兵。外接於險。有欲以兵威濟屯之象。因互艮山。譬之逐禽。故曰即鹿。鹿山獸。利於獲之物。如秦失其鹿。天下逐之。亦以鹿喩利。但柔小過陽。其才不當。乘承皆柔。其勢不足。於是无應援。故曰无虞。无虞人則禽不可獲焉。故曰惟入于林中。如宋襄求霸。陳涉稱王是矣。君子因變剛幾。如幾聲之上下之幾。察微之謂知幾。可與幾之類。皆同義。互艮有止象。且變剛正而離明。察其不如止舍於動之微。而不復行也。若往則吝矣。吝謂惜而不能舍。雖其事非不善。而過惜之不能他顧者。皆吝也。

六四。乘馬班如。求婚媾。往吉。无不利。　澤雷隨 ䷐屯之隨。坎爲兌。當屯之時。與五剛柔相接。有勤君之志。而陰柔才弱。不能救時難。故乘馬班如也。求初剛輔而往。則吉且无不利矣。此近臣求賢之義。鮑叔舉管仲。子皮任子產。晏嬰薦穰苴。蕭何置韓信類。近矣。與隨四在道以明相發。乘馬。因坎象

九五。屯其膏。小貞吉。大貞凶。如雷復

屯之復。坎爲坤。五正君位。且坎水宜潤下。惟時屯而陷於險。不能布其膏潤。故爲屯膏。小。以柔言。大。以剛言。變柔雖下无輔。坤厚敦復。故祇小事能守細行。則可以漸成其功。是小貞吉也。若夫大事。不稱時宜。不達事變。執其正義以臨。必不免矣。是大貞凶也。卦唯二五言屯者。歸重於中也。程頤曰。人君之尊。雖屯難之世。於其名位。非有失也。唯其施爲有所

不行德澤有所不下是威權不在己也威權去己而欲驅正之求凶之道也魯昭之事是矣胡炳文曰卦有二剛初剛在下而衆歸之時方來者也五剛在上而陷於險時之已去者也時已去雖陽剛亦无如之何矣

上六乘馬班如泣血漣如 風雷益䷩

屯之益坎爲巽屯窮无輔動也巽躁雖乘馬班如終无所歸焉徒泣血漣如耳坎爲加憂爲血卦故曰泣血坎水從巽風故曰漣如泣血无聲而淚出瞽之血出於創也巽究爲躁卦故巽上多躁象後倣此

䷃ 坎下艮上

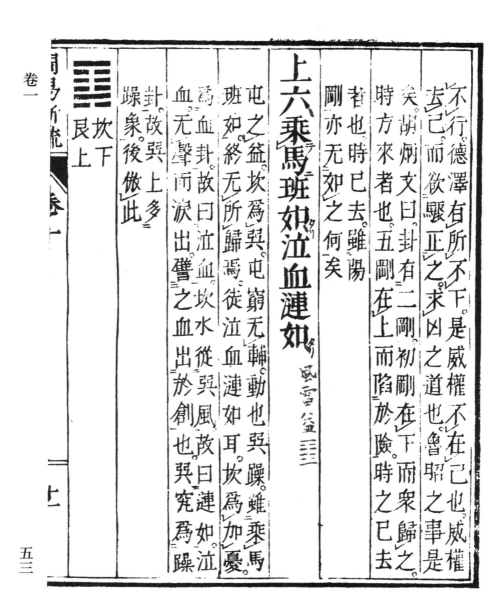

蒙亨。匪我求童蒙。童蒙求我。初筮告。再三瀆。瀆則不告。利貞。

山下有險。幽闇不明。又險而止。不知所向。皆蒙之象。故名之曰蒙。此卦名廣爲蒙昧義。而辭則偏爲教養童蒙之事。凡卦辭與卦名異其義者。往往有之。蓋卦象无窮。吉凶利不利本无定體。所謂易无體者也。而名與辭皆一端耳。故玩辭者不泥於其名。觀象者不拘於其辭而可矣。我。二也。以卦主故我之也。童蒙謂五。五尊而少男。能求於二。故亨也。二以剛中待求而應。如坎水鑑影。隨酌爲用。筮謂問求。初問虛受之誠。譬之卜筮焉。再三者不誠矣。徒多其訊。非思以自得之道。故不告。恐淺知之敗德也。艮有虛受象。如咸象虛受人。可見。故言初筮。又有知象五不正而蒙。其知未定。故戒再三。蒙養宜正。故終之以利貞。繫辭曰。卦有小大。故卦象大者。不元則不能亨。卦象小者。不元亦亨。如蒙亨是矣。凡單言亨者。皆倣此。古本蒙求間。有來字

初六。發蒙。利用刑人。用說桎梏。以往吝。 山澤損☶☱

蒙之損。坎爲兌。脫險而正。乃發蒙也。又坎有法象。故言刑人桎因互震足陷險中。梏因險在艮手下。說亦變兌象。夫法所以助教。非布化之道。兌有悅樂之慮。其至苛刻。故戒以以往則吝。蓋初爲民。發民之蒙。設刑而後教化可施。故兌言刑。孔子與聞國政。三月魯國大治。雖聖神之舉。其感化速。在誅魯之聞人少正卯。事詳于家語。如舜四罪而天下咸服。晉

文公三罪而民服同意訓于蒙士
亦然學記云夏楚二物以收其威

九二包蒙吉納婦吉子克家

山地剝

蒙之剝坎爲坤以剛得中爲一卦主羣柔歸
焉能容而教誨之故曰包蒙包容之久无物
不化所以吉也是因坎有慰勞講習之象也
又坎爲中男而二在內以剛接柔爲納婦之
象且二至上有頤養象中饋不乏所以吉也
子得內助可以克家矣言不及之卦者因可
知也王肅以婦爲配己者非矣子之妻謂之
婦夫婦本乎受命父母之名故如夫妻反目
夫妻胖合不復言夫婦禮云其夫屬乎父道
者妻皆母道也其夫屬乎子道者妻皆婦道
也豈己之妻謂之婦哉二在下卦故言子婦
亦不言取而言納皆自父之辭名者人治之

所先故孔子曰正名乎或曰出者人君无生而傳子之禮臣則致仕而老故曰家

六三勿用取女見金夫不有躬无攸利　山風蠱䷑

蒙之蠱坎爲巽彖居過陽動而爲蠱長女從少男有惑亂之象故曰勿用取女又坎爲盜巽爲近利故爲見人之多金不能有其身如是則凡事无所利矣此爻不言蒙者奸知不可以蒙待之也二包蒙有富象故言金夫此雖以女夫爲言其實廣言附勢者也易者象也取義唯吾所欲故曰其稱名也小其取類也大凡象爻皆做此李舜臣曰屯二近初剛而正應在五震性動而趨上舍初而歸五故曰女子貞十年字蒙三近二剛而正應在上坎性陷而趨下故舍上而從二故曰見金夫不有躬

六四困蒙吝　火水未濟 ䷿

蒙之未濟艮爲離獨遠於剛又无應輔既去坎體而止於上之下安位於兩柔閒而不移矣變象離明自居剛柔皆失其所无由發蒙故曰困蒙所謂困而不學者也故吝吝一本作咎

象同

六五童蒙吉　風水渙 ䷺

蒙之渙艮爲巽居尊艮少有幼主象故曰童蒙象柔中不自用以聽於二互坤爲順變巽能入所以吉也楊時曰尊而下求不挾貴也以童蒙自居不挾長不挾賢也胡炳文曰卦曰童蒙求我知童蒙之爲五則知我之爲二矣

上九。擊蒙。不利為寇。利禦寇。

地水師䷆

蒙之師。艮為坤。二上治蒙者也。而二包蒙主乎內政。上則位外。且因之卦。以師旅為象。然師終不宜自我生事。彼寇則應之。亦惟艮山利止禦焉。如漢文禦匈奴。近矣。武帝則自我為寇。是以不利也。寇。因下坎暗指三也。一本禦上有用字

䷄ 乾下坎上

需。有孚。光亨。貞吉。利涉大川。

需。待也。坎險在前。乾健而不陷。故曰需。是力有餘而待。待時者也。時至則往。辭發其往之義。故取象對卦。五自訟之二往。以中正位乎天位。而為卦主。所以為有孚也。不以力而以時。

是以光亨。然不貞則不能吉矣。利涉大川。謂可濟大難。如湯武之事是也。孚大信也。因坎中實義見中孚卦。光剛象。大川坎水象。按六十四卦皆兩兩相對。乾坤頤大過坎離中孚小過。是爲正對。其餘五十六卦。皆反對也。屯蒙相顛需訟相倒以至既濟未濟莫不盡然

象以反對立言者三十四卦。是其一也。說詳翼註

初九需于郊。利用恒无咎。 水風井 ䷯

需之井。乾爲巽。初最遠坎。故爲早知其險。而不敢進出國門以需于郊。然與四應。有將涉險之象。而初勢微。故戒以宜用恒以一德。不妄生事之謂也。變巽爲稱。而隱稱勢而不見涉險之志。則雖无功亦未至過咎也。與井初泥不食意相發矣

九二需于沙小有言終吉（水火既濟䷾）

需之既濟乾爲離水近則有沙故曰需于沙雖漸進近險然剛中无應需之宜者也但互卦有兌口故有言兌上柔爲主其言亦小耳變象離明可以濟險所謂喪茀七日得者也故曰終吉凡爻辭變成曰終故曰終吉者在本卦未吉變而吉之謂也人能折節轉心則凶可以爲吉之根矣故曰懼以終始其要无咎此之謂易之道也凶吝亦然故有終凶終吝之文聖罔念作狂狂克念作聖凡言變者皆此義也

九三需于泥致寇至（水澤節䷻）

需之節乾爲兌重剛過中逼近於險故言泥泥水旁之地既逼於險動而兌說无復危懼

心。必致寇至。若能守乾健不陷之德以待。則雖寇至不至敗矣。故象曰。敬愼不敗也。坎爲盜。故稱寇焉。繫辭云。致寇至。盜之招也

六四。需于血。出自穴。 澤天夬 ䷪

需之夬。坎爲兌。旣陷於坎。坎爲血卦。故稱血。兌亦坎象。變爲兌解。故曰出自穴。有近君得罪之象。又有係累待罪。肉袒降敵之象。其吉凶以情遷。故不言吉凶

九五。需于酒食。貞吉。 地天泰 ䷊

需之泰。坎爲坤。五爲卦主。自初至四。皆知其險。待而不進。五則待來者。中正居尊。坎水潤下。變坤致養。故爲設酒食以需焉。象所謂飲食宴樂者也。但時向泰。待賢良大臣之禮。有

爲虛儀矣。觀之慮，故戒以貞則吉。五在本卦陷於二柔，難其爲君，且尤偏應，有貞象矣。

上六，入于穴，有不速之客三人來，敬之終吉。風天小畜

需之小畜。坎爲巽。坎穴巽入，而上則坎窮，是入于穴也。五當需位而施德澤，上居位外，深入於險，无用於世，人不待我，我亦不待人，惟需蓋而來，故爲不速之客來。於是乎巽順以敬來者，則庶有得哉，所以終吉也。如文王拘羑里，孔子遯野，亦入于穴也。如二老歸，七十子從，則不速之來也。三人因乾三剛，敬亦乾象。左傳大有之乾曰：敬如君所。

䷅ 坎下乾上

訟，有孚窒惕，中吉，終凶，利見大人，不利涉大川。

上乾剛以制下。下坎險以伺上。又內險而外健。皆訟象也。名象是已。辭則以對卦廣言獄訟之情。二本在需五。尊而中正。失位遯來。陷於下坎。是有孚而窒。所以訟也。坎爲心病。二爲之主。惕而中。是以吉。但訟逆德。強爭是非。若二變德則成否象。故戒以終凶。大人謂五。中正善聽。又互離接焉。所以爲利見大人也。不利涉大川者。下有險也。夫民讓事樂和。而可用也。雖互有巽木之利。而下有險。豈可涉哉

初六。不永所事。小有言。終吉。　天澤履䷉

訟之履。坎爲兌。脫險之早。未訟而變其事。但兌口小有言。然履有辯定之義。故終吉也。小有言。釋如需二

九二不克訟歸而逋其邑人三百戶无眚 天地否

訟之否坎爲坤剛中爲險主不正而與五相敵尊卑之勢不能相當故不克訟也又坎水潛行有逋竄象故曰歸而逋變坤有邑象又爲衆故曰其邑人三百戶又有否亨之象可以无眚矣大臣避君威歸逋采邑者多有據強之眚故戒之以三百戶三百戶邑之小者亦因坤三柔項安世曰一家好訟則百家受害言三百戶无眚見安者之衆也亦通

六三食舊德貞厲終吉或從王事无成 天風姤

訟之姤坎爲巽柔居險窮從乾不訟且麗於兩剛間而順上下象能保其先封故爲食舊時恩德但險健相軋之際若固執不變則危故戒以貞厲變巽稱時宜而免險故曰終吉

與姤三厲无大咎。相發矣。或從王事。義與坤三同。非純臣象。但彼坤厚而之謙。天地神人之所祐。故言有終。此則不敢成耳。文言三爲危地。故諸卦於三多言厲焉

九四。不克訟。復即命。渝安貞吉。 風水渙䷺

訟之渙。乾爲巽。剛迫君位。而不中正。亦訟而不克者也。復謂爲柔復正位。命。君命。以巽言之。巽有命令象。渝。變也。安貞。柔德也。夫二爲執政。故不克訟則退采邑以待罪矣。四則近臣。故復其位。以就上命。渝變剛健行而安貞。則可以得吉焉。如子家羈館於公似矣。安貞。

蓋戒巽進退云

九五。訟元吉。 火水未濟䷿

訟之未濟。乾爲離。中正居尊。下无偏應。變離爲南面而聽。能聽訟者也。之卦未濟。故不能使无訟焉。惟是中正。可以得其平。然人君困攸兼于庶獄。若離明自用叢脞。非所貴也。故戒以

元吉

上九。或錫之鞶帶。終朝三褫之。 澤水困 ䷮

訟之困。乾爲兌。以乾健過高之勢。終訟。而勝而說。故曰錫之鞶帶。然以訟得之。豈能久有其衆乎。且兌解故終朝褫褫脫也。與困上葛藟同意。鞶帶先儒皆以爲命服之飾。命服非以賞訟。特以訟嗣世。襲爵以受服者。間亦有焉。且因變兌。毀之顯。故或之義如損三象。而又言終朝三褫。極言其成敗變遷也

上象遠夷。遠夷君長。間有如此者矣

坎下
坤上

師貞丈人吉无咎

朱熹曰師兵衆也坎險坤順坎水坤地古者寓兵於農伏至險於大順藏不測於至靜又卦唯一剛居下之中爲將之象上下五柔順而從之爲衆之象二居下而用事五居上而任之爲人君命將出師之象故其卦之名曰師楊時曰比則衆在内一剛在上爲之主君象也伍兩卒旅師軍之制則衆在外一剛在下爲主將帥象也孝成謂釋象曰貞正也能以衆正可以王矣是以貞爲桓文正譎之正也丈人老成无位之稱孟子曰天將降大任也苦其心志勞其筋骨餓其體膚是舊有位人所不能嘗焉故唯師卦不言君子而言大

人自古善將者多拔舉士不特取其知勇為生於憂患能堪其勞故也夫軍旅不得已之事必先正其義彰明有罪戰陳主正而帥之者得其人則民從其毒故為貞而丈人乃吉无咎一剛主險在下專權有兵家所謂无天於上无地於下无敵於前无君於後獨往獨來之象又外順內險乃譎詭不測之象所謂詭道者也末流之弊變詐逆亂莫所不至故戒之如此且在軍主法非寬仁之事故不言元亦不可以貪亨利惟一貞足矣貞雖訓正亦有守意所謂先為不可勝以待敵之可勝及无形无聲之極貞字含之至於制權出奇則丈人有焉常武詩云緜緜翼翼不測不克此之謂也

初六師出以律否臧凶 地澤臨 ䷒

師之臨。坎爲兌。出師之始。當愼法律。故曰以律。律險之物也。變象說以臨衆。國容入軍。其律不臧。所以凶也。左傳知莊子誦此爻曰。執事順成爲臧。逆爲否。衆散爲弱。川壅爲澤。有律以如己也。故曰律否臧。朱熹曰。否臧謂不善也。與左氏合。王弼云。不以律。否臧皆凶。是因象失律。加不以律字而成其義。與經文勢不合。程頤云。當以律。不然雖臧亦凶。是以否爲不以律。但左氏先釋臧而及否。非否與律反。且曰律否臧。則否臧之爲不善。亦著矣

九二在師中吉。无咎。王三錫命。

師之坤。坎爲坤。剛中被委任於五而爲將。互震爲長。爲威武。爲長於衆。有威武。得中奉五所以吉。但其位不當。勞於險中。以免咎耳。險平爲土。武假爲文。正位於下。爲武功成而受

爵士之象。禮云。一命受爵。再命受服。三命受車馬。因坤車馬言三錫。爾禮樂征伐不自天子出。非有道之事。故此言王錫。而上又言大君有命。象單曰中者。唯訟耳。指坎中一剛爻單曰中者。唯師二。亦坎中剛。皆臨事而懼意。夫中立而不倚。將德也。執略守微。進退左右變應无窮。猶水之因地制流。如毫有所倚。敵必因之。孫武之所以戒五危也

六三。師或輿尸。凶。

師之升。坎爲巽。柔進過陽。而險亦窮矣。動也不果。變互震兌。上連於五。則驚君位。交於二四。則其衆散。皆敗徵也。坎血。於輿爲多眚。故曰輿尸。師輿尸不至敗。亦有故以凶斷之矣。

或。因變巽。巽疑。軍所大戒。兵家稱三軍之災生於狐疑

六四、師左次、无咎。　雷水解

師之解。坤爲震。陰柔不及於中。不能制敵。雖變有威震。亦動乎險外以解難耳。但變互離明。能視其不勝而速還正。退守至陰。故爲退舍全師之象。見可而進。知難而退。軍之善政。所以无咎也。與之卦朋至斯孚意相發矣

六五、田有禽。利執言。无咎。長子帥師。弟子輿尸。貞凶。　坎爲水

師之坎。坤爲坎。坎內實外虛。形如羽蟲。九家易爲狐。又互艮爲狗鼠黔喙。故言禽。居尊而討虐民者。譬之田獵除田害。故爲田有禽之象。恒卦曰田无禽。謂求之不獲。然則田有禽。

得其志之義也。先言田者主田也。如見龍在田。則主意在見龍而田其所在耳。又艮爲手指。爲成言。故曰執言。蓋謂奉辭也。名其爲賊。敵乃可服。所以利而无咎也。長子指二。因互震。弟子指三四。因變互艮。言五以柔順委任於二。則二能帥師。若自用剛險。使近臣與謀。則雖智將不能制權。取輿尸之敗。孫武所謂君之所以患於軍者也。夫戰權也。因敵變化。乃丈人之任。若唯守正。不能出奇。則速覆亡。故爲貞則凶。以深戒軍之不可從中御也。唐郭京得王弼韓伯手寫本。作周易舉正云。今世流行本之字誤作言。因舉正則以執爲搏禽也。不知有之爲獲。不可從矣。或曰。執言。謂君既命將。則執命言。不以側言貳之。如魏文侯示樂羊謗書之爲。然各言其罪之說似穩矣上六。大君有命。開國承家。小人勿用。

師之蒙。坤爲民。大君天子也。五可以當之。國謂諸侯。家謂卿大夫。皆世爵祿而居畿外。本畫之象。小人謂其志小專爲己。无利人之志者。師終論功之時。柔爲剛賤爲貴。山止土上。光邇臨衆。有建國世家之象。乃大君所命。可永保其民人以奉其祭祀。但用小人。則菑害並至。雖有善者。亦无如之何矣。變剛偏應於三。師三輿尸。蒙三不有躬於金夫。皆見小人狀態。故戒之。或曰。行賞之時。使小人與謀焉。錫命不公。怨怒相加。亂端生矣。或曰。小人有功。則可厚其祿。不可用之使執事焉。皆通。然大君非本象。猶言王於二。則知戒受賞者不能保其終。仁之至也。丘富國曰。出師之道。不可不正。故曰師貞。師之任。不可非人。故曰丈人吉无咎。蓋只七字而用師之道盡矣。初言律。上言賞。五爲任將之君。二三四則皆用師之將也。二特重。三僨師。四量力。四之无咎。不如二之吉。而三之凶又不如四之无咎。聖人以萬世用兵利害。而權輕重於吉凶无咎四字之間。

䷇ 坤下坎上

比吉。原筮元永貞。无咎。不寧方來。後夫凶。

地上有水。流通潤物。又一剛居尊。羣衆比而順從。皆親比之象。辭則特舉其大者。師倒爲比。二升居五。有與王象。蓋伏羲神農黃帝皆與王也。而其事邈矣。在繫辭時。唯湯足以當之。視諸舜禹受禪。則有慙德。故先言吉。斷之而後及其事也。原。如原始之原。推本之也。筮。

如初筮之筮。問求有識也。夫使天下親比一統。難之至也。能推本事情。問決於賢才。又能元而永貞。則可以无咎。唯五中實能之。然勞於坎中。艱其爲君。故以无咎爲免焉。亦成湯之事是尚。克寬克仁。彰信兆民。可謂元矣。伊尹去亳適夏。使之事桀。欲夏之不亡。可謂永貞矣。不寧方來。謂未比而不安者亦自四方來歸也。至其順天致罰。而若後來歸。則身罪國亡。所謂攻昧取亂類。乃凶道也。後夫指上。永貞義如坤用六

初六。有孚比之。无咎。有孚盈缶。終來有他吉。水雷屯

比之屯。坤爲震。柔小微下。不能直與五比。順乎衆比。蚩蚩有孚。所以无咎也。缶。瓦器。所以盛酒漿。又擊以節歌。質素之物。震象仰盂。又爲鳴。故言缶。坎水屯盈。是盈缶也。來。自之卦

來也言其孚无虚飾而充内有實有聲則不啻无咎亦有意外之吉來屯初建侯是其大者也比時登用多此類焉古本他作它足利本宋板同象倣此

六二比之自内貞吉 坎為水 ䷜

比之坎坤為坎柔順中正而應於五比心自内起變象失位而險故戒以貞吉

六三比之匪人 水山蹇 ䷦

比之蹇坤為艮過中不正乘承皆暴无可比輔之人乃比應位之上而上比无首亦匪其人其凶必矣變象反是故不言凶咎懼以終始可无咎也

六四外比之貞吉 澤地萃 ䷬

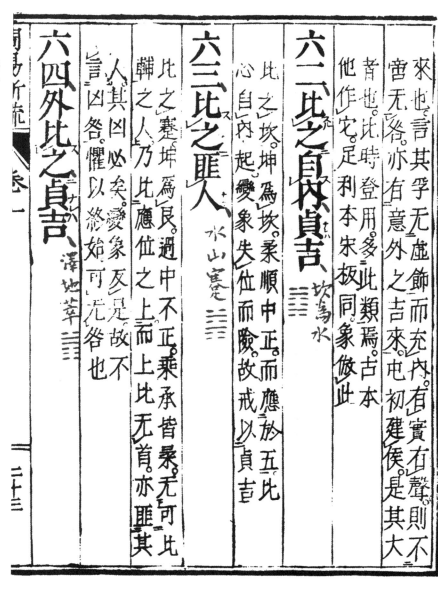

比之萃。坎爲兌。既在外卦。順承於五。親比賢君者也。變象失位。說而與五爭萃。故亦戒以

貞

吉

九五顯比。王用三驅。失前禽。邑人不誡。吉。

比之坤。坎爲坤。中正。居尊。羣柔比矣。比之顯明者也。又坎爲弓輪。亦有禽象。坤爲衆。爲治安。治安比衆。有弓輪而從禽。狩獮之象。故曰王用三驅。三面列車徒。闕其一面。則前禽乃逸。所謂不合圍者也。蓋因險象以諭王者弔民伐罪之道焉。顯比之時。能豁大度。舍逆取順。不事窮討。變象純坤。民免征役。而不相誡備。則其糾合雖以兵車吉也。邑人坤象。凡爻辭言王用者五。皆似有所指。在異代則帝乙高宗。皆稱其號。而特稱王用。蓋內辭也。且觀

於岐山，則爲文王之事必矣。詩云：王赫斯怒，爰整其旅，以按徂旅。此爻義也。或曰：邑人不誡，所謂芻蕘者往焉，雉兔者往焉之義也。若其說是乎？吉不待言焉。言吉者，因坎象戒兵車之比，卽象辭比吉之吉也。軍有戒嚴解嚴。不誡謂解嚴耳。

上六，比之无首，凶。風地觀䷓

比之觀，坎爲巽，五爲比主，四以下皆首之，上居位外，柔虛无所屬，比窮而疏，无下輔之者，不可爲首。旣不能令，又不受命，然在觀有无咎義。比則與王時，故凶。象主五言，故指上爲後夫。此則自言，故爲无首，其凶一也。

䷓ 坤下 巽上

小畜亨。密雲不雨、自我西郊。

小、柔也。畜、蓄也。通我有旨蓄之蓄、大畜及師象畜衆、亦皆同。卦唯一柔得位、上下應之、皆爲所畜。故曰小畜。是卦之所以得名也。但四爲卦主、在上之下。陰柔才弱、有畜而不能施之象。故辭則取剛象、以發雖不施其志行之義矣。內雖健而外巽、稱時而順、畜而不施。然以剛在中、故其志遂行。是乃亨也。又因互離爲文明之德、其行有漸意。故曰密雲不雨。密雲以譬畜聚其德。風在天上、陰陽未和。雖有密雲而不雨也。我、我願雨者。雲既聚郊、雨將來而未及我。互兌爲西。萬物所說。故曰西郊。以見萬民仰望德澤之意也。

初九、復自道。何其咎。吉。巽爲風 ☴

小畜之巽。乾爲巽。遇變將之所。畜自道復。其
復不遠。且初四正應。是牽其所主。雖不得中。
亦何咎之有哉。又四爲互離主。有文明承尊
之象。士之歸之。不當无咎。必有行義可見。所
以吉也。與之卦
武人貞相發矣

九二。牽復。吉。 風火家人

小畜之家人。乾爲離。離麗也。二四非應。變麗
於初。被牽而復。雖无攸遂。以在中。故不自失。
所以吉也。牽因離牛。離象牛。見純離卦。蓋復
復於正也。故初以反於剛爲復。二以變而之
彖爲復。復卦之復。亦同義。胡炳文曰。復自道
似不遠復。牽復似休復。休復以其下於初。牽
復以其連
於初也

九三輿說輻夫妻反目　風澤中孚

小畜之中乎乾為兌重剛過陽道四所畜不能進退乾圓而行有輪轉象兌為解脫故為輿脫其輻言輪破不復為用也又內外相接非應相瀆不保其終變象得敵故為夫妻怒爭互離為目巽為多白眼故曰反目反目怒目也孟子曰身不行道不行於妻子夫妻反目由其身不正故曰欲齊其家者先修其身項安世曰輻陸氏釋文云本亦作輹輻以利輪之轉輹以利軸之轉然輻无說理必輪破轂裂而後可說若輹則有說時車不行則說之矣大畜大壯皆有輹字項依陸氏似有理然大畜曰說輹者語知時而不行也象意自異此爻作輹非是矣

六四有孚血去惕出无咎 乾爲天☰

小畜之乾巽爲乾位當上下皆應故有孚一柔畜羣剛有所傷殘故稱血血稱傷血柔類爲剛血之去也巽入爲乾五上同德自惕出也是以无咎四爲畜主文明承尊終成君道如文王之於殷故其象如是矣

九五有孚攣如富以其鄰 山天大畜☶

小畜之大畜巽爲艮下三畫皆所畜上三畫皆畜者也五尊中正聽於畜主之四順以布令能一衆心故有孚攣如也又巽利艮財往來皆畜故言富鄰謂下乾施利散財不獨有其富與人共之可以以其鄰乃王霸合諸侯之事以譖春秋以某師之以言能左右之也

上九既雨既處尚德載婦貞厲月幾望君子征凶。水天需

小畜之需。巽爲坎。巽風坎雨。風息而雨。物得其所。故曰既雨既處。尚。庶幾也。載。如坤厚載物之載。成也。庶幾德成者。畜滿能施也。但順窮而險。畜終而變。守常如婦貞則危。宜察盈虧之微以進退。故曰婦貞厲月幾望。婦貞。因變彖正。月望。因坎在乾上。幾字義見屯卦。君子征凶。戒本卦剛也。畜在位外。有出征象。而巽不果。所以凶也。往來皆戒。所謂懼以終始者。文王之所以陳錫哉周也。三爲危地。故多言厲。畜終亦有厲象。故言及云。項安世曰。九三反目稱妻。言相敵也。上九既雨稱婦。言相順也。占本載上有積字

䷉ 兌下乾上

履虎尾不咥人亨

虎猛而文。象乾光煥發。故文言竝稱龍虎焉。此卦一柔爲卦主。説進過陽。接於乾後。互巽爲股。故曰履虎尾。因以履爲卦名。又三爲危地。履虎尾危之甚也。君子曰。心之憂危。若蹈虎尾。涉于春冰。能自危懼如是。則其人必履道。説而應天之美。可庶幾矣。所以不被咥而亨也。咥。因兌口。不咥者。退據二也。謂之退一步。易之至戒。周家至德服事。亦不外于此矣

初九素履往无咎

履之訟。兌爲坎。素如素飽之素。剛正无應。居卑而説。不求於上。不事文飾。獨行志願。變訟

亦不永所事稍解時險如椄輿歌過趨辟之爲則雖不如二之得中然往而无咎也

九二履道坦坦幽人貞吉

履之无妄兌爲震道謂得中坦坦平易貌中而无應履行其道居易俟命故雖遇震驚而不妄動隱于幽閒不爲寵辱亂其心則雖時不利吉也幽人謂不用才於世者兌有幽象如困初之變幽谷歸妹之二幽人可見皆因剛揜於柔之義也

六三眇能視跛能履履虎尾咥人凶武人爲于大君

履之乾兌爲乾柔小爲卦主妄履非位有不自揣而企興事之意譬如眇之視雖能而不

能見遠。譬如跛之履。雖能而不能快走。猶且說履乾後被咥。故言凶以分卦辭眇。因互離。跛因互巽。于諸本皆作于於之于。宜爲干犯之干。恐字之誤也。武人爲犯大君。謂有之乾之志。如羿寒之爲。因有應天象戒之也。武人因變乾。乾戰有武象。如楚語天事武可見矣。巽之初六言武人。亦因變乾。應撝謙曰。于疑干字之誤。干犯大君。如晉先軫唾於君前。孝成謂。以于爲干。與鄙說合。先軫之事。非卦本象也。

九四履虎尾愬愬終吉

履之中孚。乾爲巽。亦不中正。履迫君位。履虎尾也。愬愬驚懼貌。因變互震。能知其危。巽順承五以愬愬則終吉。與之卦馬匹亡相發矣

九五夬履貞厲

履之睽。乾爲離。尊而正當。下以說從。凡事必行。无所疑礙。故爲夬決而履。唯其言而莫予違。以此自好。夬履不顧。非舍己從人之道。適足以速睽。故戒以貞厲。程頤曰。古之聖人居天下之尊。明足以照。剛足以決。勢足以專。然而未嘗不盡天下之議。雖芻蕘之微必取。乃

其所以爲聖也。履
帝位而光明者也

上九視履考祥其旋元吉

履之兌。乾爲兌。視履。視人之所行也。祥者。禍福之兆也。考祥。徵政教於陰陽和否也。旋周旋也。履既成矣。剛變爲柔。內外皆說。且居位外。而无職掌焉。有三公論道爕理陰陽之象。

唯視履考祥。周旋佐五。而寬仁則吉。是乎世
之事。范文子所謂外內无憂者。故言及祥。夫
殷高以祥興。宋君以祥亡。考祥之義。顧德
行如何耳。故在軍禁祥。視履。因應三互離

☷☰ 乾下坤上

泰小往大來吉亨

小柔大剛往自內而外。來自外而內。小往大
來。就內外升降之象。以喻世運隆盛小道往
消。大道來長之義。而否泰之所以相反。亦在
其中矣。否爲塞。故泰爲通。天地交而萬物通
之象。所以吉而亨也。此卦有乾坤失位之嫌。
故言吉也。於月爲建寅。三剛三柔之卦凡二
十。象以往來上下爲說者十四卦。皆本
於否泰。以一卦言之。然亦皆有其反焉

初九拔茅茹以其彙征吉

泰之升。乾爲巽。三剛皆有應於上。相連將進。能舉其一。則羣才競升。猶自隗始之事。譬之茅拔其一。則根相牽而起。茅變巽象。義在大過卦。茹。牽連貌。孔子曰。舉爾所知。爾所不知。人其舍諸。拔茅之義也。說命曰。旁招俊乂。列于庶位。以彙之事。卽升初允升者也。用之征討亦吉。征。因乾戰。古本征作往

九二包荒用馮河不遐遺朋亡得尚于中行

泰之明夷。乾爲離。剛中應尊。爲政泰時。互兌敷言。德及荒裔。是包荒也。變互有坎。又傷其股。不能涉焉。求則无其坎象。故曰馮河。守成之世。因循安逸。非能執剛德而用馮河之勇。

則不能輔佐柔順之五以振濡滯與之卦馬壯時義雖異勇意一也但恐其偏剛敗事故又舉柔善以濟之焉不遐遺謂變柔離明无所蔽也唯文明可以服遠人若用馮河以不遺遠衞霍之流耳蓋三柔在外四居互體五則應主而上最遠以爲遐象朋同類朋亡謂不與初三同類也黨錮之禍僞學之禁皆起於偏剛不朋亡所以戒也王弼云尚猶配也中行謂五是矣漢家娶天子女則曰尚公主國人娶諸侯女則曰承翁主尚承皆卑下之名也泰五柔順非大有爲中庸主耳故稱中行二充剛克柔可配於中主以得保泰運也

九三无平不陂无往不復艱貞无咎勿恤其孚于食有福

周易析疏　卷一　三十

泰之臨。乾爲兌。重剛不中。而接陰象。特運將向衰。故曰无平不陂。陂必復正。故曰无往不復。夫吉凶有貞勝義。苟兢業以艱貞。則陂者可熱而復。方來之福可期而待。陂傾邪也。又澤障曰陂。卽變兌象。所謂甘臨者。哀世傾邪之俗。爲爾福而言。食亦因兌口。孚大信也。言其有福也。雖有小違。必孚也。

語倒裝者福與復會韻耳

六四翩翩不富以其鄰不戒以孚

泰之大壯。坤爲震。翩翩輕擧而文貌。坤文三畫。皆虛而擧。故曰翩翩。但坤性降而乾性升。上下皆應。四居交接之際。順正承尊。故不富能左右下乾。不爲戒令。而志願合以孚。壯四曰貞吉。以有悔象也。此則吉不假言。朱熹曰。柔虛闕實。故凡曰不富者。皆以柔言也

六五帝乙歸妹以祉元吉

泰之需。坤爲坎。帝乙殷王。左傳稱微子啓帝乙之元子。歸妹。歸以娣也。說在歸妹卦詳。在泰泰之時。柔中居尊。下應乎二。相感以動。則爲雲雨。有福祉潤羣下之象。故元則吉也。蓋帝乙降嬪其女。而合斯義。能儉其女。惠其娣媵。所謂其君之袂不如其娣之袂良者也。周初去帝乙未遠。民得而稱之。故取以爲象。如箕子明夷高宗伐鬼方之類。亦皆世之所傳稱。譬諸近而虛象如眎之掌矣

上六城復于隍勿用師自邑告命貞吝

泰之大畜。坤爲艮。泰窮而否。欲艮以畜之。但時運之不可技。猶城土崩頹反復于隍城。因

艮高象。復于隍。則坤平象。卦无水象。故不曰池而曰隍。又坤衆窮矣。不可用師。又坤邑也爲艮成言。而居位外。有自外邑告命之象。君威不振。征伐自大夫出。陪臣執國命之類是也。

所以貞吝也。泰窮則否。故與大畜上異義

䷋ 坤下乾上

否之匪人。不利君子貞。大往小來。

否。泰之反。泰有人象。三柔在上。而分爲六。人之九竅。耳目鼻相雙之象。故鼻口間謂之人中。取之泰象。否則反是。故曰匪人。此以血氣不和上實下虛。喩世運否塞。上驕下諛。都市榮而田野枯之義。詩云。東人之子。職勞不來。西人之子。粲粲衣服。周道之所以否也。嘗言之時。君子能制恭儉過度行。施德於民。則有舊邦維新之福。若徒因循安其恆。必不免禍難。故曰不利君子貞。否之二五。皆得中正。有君臣安其祿位之象。乃君子貞也。貞之所以不利者。以上下不交。大典往消。而小事來長也。於月爲建申。天地始肅。泰先言小往大來。而後言吉亨。否則以否之匪人爲首。引故先言不利君子貞。而後言大往小來。文勢耳

初六。拔茅茹以其彙貞吉亨

否之无妄。坤爲震。震爲萑葦。亦茅屬。否泰之初。牽連象同。故同其辭。但否初无征象。變正无所期望。以俟命。故貞吉也。言亨者。明雖否亦亨。乃泰初之亨可知矣。東涯曰。時否則道不行。材柔則守易移。得上則志易滿。所以戒以貞也

六二包承小人吉大人否亨

否之訟。坤爲坎。中正應尊。主於順承。以合初三。是包承也。包承以奉上。羣小之所以免於否時也。大人。因變剛。謂欲濟否之人。動而坎險。有迍窮之眚。雖有變剛之才。潛而伏之。能柔其德則身雖否。其道必亨。如孔子之於陽貨。曰諾。吾將仕。亦此意。濟否非常事。故二五皆稱大人焉

六三包羞

否之遯。坤爲艮。柔居過陽。接乾而否。有小人窮濫之象。然欲濟否。而時位既窮。則有爲能忍恥之行者。顧心術如何耳。故不言吉凶利不利。而單曰包羞。變象畜臣妾之吉。亦不可

大事也

九四有命无咎疇離祉

否之觀。乾爲巽。否既過半將泰。變巽布令。故曰有命。上命而下順。亦風行地上之象。雖否无咎也。庶類皆麗其福。乃省方設教之義也

九五休否大人吉其亡其亡繫于苞桑

否之晉。乾爲離。剛健中正。而當尊位。二亦中正。包初三而順從之。故爲休美其否。乃大人之吉也。然在否時。下之順從。有莫予違之懼。是亡徵也。故不恃其正當自用。常存將亡之心。如繫于苞桑之危。則下雖坤柔才弱。亦各奉其職。合力輔之而功成。與之卦失得勿恤

相發矣。苞桑。桑肄苞生者。繫于苞桑。因下坤象柔繫于變互坎險之象。東涯曰。亂之初平。如病之新愈。苟不愼其起居節之飲啖。則舊患再作。必殞其軀。如唐之玄宗。以撥亂之才。能收反正之功。然侈心漸生。卒基禍亂。休否之時。其可不存苞桑之戒乎。楊愼曰。陸宣公云。邦之杌隉。綿綿聯聯。若苞桑綴旒。乃知古來註家。有以繫于苞桑。爲危懼者焉。說者以苞桑爲固結之物。非也。孝成謂。詩云。肅肅鴇行。集于苞桑。以興國之多難。又光武引黃石公包桑記曰。柔能勝剛。包苞通。桑肄雖柔。苞生則有所堪。篇名蓋本諸此。晉書康帝紀曰。不有晉文之師。繫于包桑。亦苞作包。皆以包桑爲危懼。與楊說合

上九傾否。先否後喜。

否之萃。乾為兌。否終則泰。有舊邦維新之義。故與鼎初相似。乾堅而圓。有鼎腹象。兌為開口。開鼎口傾否。猶鼎出否。蓋四有命。五休否。上則事外。若有不順休命者。則傾之。乃攻昧取亂之事。亦乾戰兌刑之象。為雨。先否後喜。后來其蘇之意。萃上齎咨涕洟。亦先後相反之意一也。

喜即兌象

䷌ 離下乾上

同人于野。亨。利涉大川。利君子貞

二為離主。得位得中。而應乎乾。故曰同人。同人同於人也。是卦名主二。為其彖小力不足。故辭則與義。乾君也。自大有之內行。在外而同於人。故曰同人于野。乃覇主自下出而執事。能會諸侯之象。會同所以通天下之志。故曰亨。何大事之不可濟。故曰利涉大川。利涉。因互巽木。又内明而外健。二五皆中正相應。故曰利君子貞

初九同人于門无咎

同人之遯。離爲艮。與二比附。變止於艮門内。有同門友善之象。同人貴公。門下之同。雖私眤遯於下者之常態。故无咎矣

六二同人于宗吝

同人之乾。離爲乾。中正應尊。動而之乾。乾尊宗也。内外皆乾。宗人相同之象。且二同主。偏應於五。雖爲君非爲德。亦非爲下爲民之公道。故吝

九三伏戎于莽升其高陵三歲不興

同人之无妄離爲震卦唯一柔羣剛欲同而二偏應五矣三居卦際而與二比欲禦外卦而同之然本非應故不敢顯發設伏以覘之又登高以望之而外卦乾剛之勢終不可敵故三歲不興焉離爲甲兵震爲萑葦離之震故曰伏戎于莽三過陽地且在變互艮山中故曰高陵陵山類也三歲不興亦因震恐夫懼以終始其要无咎故不言凶吝也

九四乘其墉弗克攻吉

同人之家人乾爲巽四亦欲同於二爲三所隔將攻焉離有墉墉象四居其上故曰乘其墉既乘矣又有乾戰勢非不能也但非應无辭義弗克攻矣弗者殊絶之辭變互離明能

見正義而反
則所以吉也

九五同人先號咷而後笑大師克相遇

同人之離乾爲離五與二皆中正相應而爲三四所隔不得其同故先發憤號咷然本正應動則兩明相見故後笑曰號咷曰笑皆因變互兌要之初上无爭而同非隔二五者也三四居間伏戎乘墉爭而不能同然皆剛強故五必用大師以克之而後上下得相遇克如鄭伯克段之克程頤曰隔則號咷遇則笑非大同之體故不言君道繫辭亦曰二人同心孝成謂同人象取象於霸主程說非大同可不言君道不可大師不自君出非有道之事也繫辭擬議言耳知者觀彖辭則思過半矣

上九同人于郊无悔

同人之革。乾爲兌。在君位外。故曰于郊。與二最遠。其志不可得。亦惟能安於遠。革而以同於人。可以无悔矣。凡曰无悔者。悔之不至也。曰悔亡者。有悔而亡也。上不爭而同。言无悔。則三四爭而不同者。不能无悔。意可見矣

䷍ 乾下離上

大有元亨

彖小居尊。中於剛大。上下皆應。有之大者。是卦名義也。一彖有羣剛。有繼統之主。不用其力。生而有天下之象。恐難於元。故辭則異。象內健而外明。又離自同人之內。行有日行。天

上象。是以爲元亨。不言利貞者。蓋極治之世。有時乎有不利貞。如否象者也。凡如是類。皆不言之戒也。大抵與鼎相似。鼎終革之業。大有守同人之成也

初九无交害。匪咎。艱則无咎

大有之鼎。乾爲巽。五言交如。自二以上皆事之。二四上應比。三亦在互體。唯初无位。无與五交。有富有之資。有剛健之才。富者怨之府。才者嫉之速。而无援於上。故有傷害之慮。然其居正。非爲邪也。故雖有害之者。亦不咎。但无位者。事必有艱。正之不可以恃。故變柔其行。巽順於下。艱以進退。則无咎也

九二大車以載。有攸往无咎

大有之離。乾爲離。大車。牛車也。乾輪離牛。故言大車在下而中。往來皆堪大有之任。有所行可以无咎也。蓋大有之時。當路任重。濟渡衆庶。譬如載輜重而行。雜物不廢。故柔固不勝。剛亦或失於嚴。能剛能柔。庶乎免矣。盤庚曰。若乘舟。汝弗濟。臭厥載。反是之戒也

九三公用亨于天子小人弗克

大有之睽。乾爲兌。離明在上。有天子南面象。下乾爲列侯。三接上卦。位當力強而不敢逼尊位。爲公侯用亨于天子之象。變小有曳掣之傷。不能也必矣。按王用亨于岐山。文王之事。則公用亨于天子。亦必有所指矣。而今不可考焉。孔叢子曰。殷王帝乙之時。季歷作伯於西。受圭瓚秬鬯之賜。蓋謂是類歟。亨。左傳作享。享獻也。然享有朝享。有宴享。乾爲玉。爲

良馬。兌戸從之。故此兼兩義。徂來曰。亨享同義。亨者。水火之氣達也。享者。祗信之道通也。故易元亨。享于天子。享于西山。及亨飪。皆作亨。後世誤音。聘享之享。爲食饗之饗。然聘禮有享與饗。音同許庚反。當時何以別乎。故聘享元亨。皆許庚反。食享乃許兩反。其於文。聘享作亨。則食饗作享。聘享作享。則食饗作饗。聘享唯獻璧馬。食饗則宴

九四。匪其彭。无咎。

大有之大畜。離爲艮。重剛逼柔中之五。有擅權象。然明體之始。早見多懼。止於柔正。而不彭彭則无咎。變象童牛之牿。畜人也。匪其彭。自愼也。人我雖不同。而防未然意一也。彭。衆盛貌。指重剛。周公帥羣賢。而事成王。可不謂彭乎。至辟疑居東。乃知匪其彭矣。或曰。篚。匪

通。書龍厥玄黃。孟子作匪。大有之時。在上文明。貢獻極其盛之象。非矣。初有匪咎之文。一卦中豈混用龍匪乎。

且龍其彭。非美事也

六五厥孚交如威如吉

大有之乾。離爲乾。羣剛來見。故其交有孚。然彔小之主。若失其威儀。則下慢易。故爲威如則言如。周天下。堂拜諸侯。其弊有不可勝道者。詩云。不解于位。民之攸塈。所以有威如之戒也。威因變乾。蓋仁者心之德也。君子體仁而不已之。臨下以莊。不使之生慢易。是乃仁術也。孔子曰。克己復禮爲仁。又曰。正其衣冠。尊其瞻視。儼然人望而畏之

上九自天祐之吉无不利

大有之大壯離爲震大有之窮必有亡道然日行天上遇此清明賢者登用功成名遂避事位外與下諸剛共奉明主比以相親乃所貴尚爲之賓師相見以信變象順天而動是以自天祐之吉无不利也蓋聖人作易其要不過使人得天祐吉利乃此爻足以蔽之故繫辭屢稱之矣或曰大有之五與乾往來乾五剛健中正至上不免乎悔大有之五柔中不正能任羣下終乎天祐舍己從人善與人同成人之美德之至也楊萬里曰八卦乾爲尊六十四卦泰爲盛然乾之上九悔於亢泰之上六吝於亂盛治備福孰若大有者明主在上羣賢畢集況上九功成身退之耆舊乎

周易新疏卷一

衣川友直
河田希傑　同校

周易新疏卷二

因幡 河田孝成 著

䷎ 艮下坤上

謙亨君子有終

山在地下。爲以高下卑象。故曰謙。降者必躋。故亨。不言元者。謙者德之美者也。天地神人之所祐。尊卑大小无不亨也。又德之柄也。在君子則不翅亨。亦能有終其成功矣。君子。以三言之終。如知終終之之終。三一變則爲純坤。所以有終也。馮椅曰。一剛在上下者爲剝復。象陽氣之消長也。在中者爲師比。象衆之所歸也。三四在二體之際。故以其自止而退

處於下者爲謙。自下而奮出乎上者爲豫

初六謙謙君子用涉大川吉

謙之明夷艮爲離。止於最下。柔小无應。謙之又謙者也。君子剛象。變正明夷垂翼。有君子涉難之象。但卑以自牧。不求聞達。大難可以涉矣。所以吉也。大川因互坎。言用涉。而不言利不利者。成功不可必也。凡利不利。主事之成敗而言之。吉凶主行之徽惡而言焉

六二鳴謙貞吉

謙之升。艮爲巽。中正无應而止。謙而自得者也。變剛應尊。得時升進。且山遇風。有鳴其謙譽之象。故戒以貞吉也

九三勞謙君子有終吉

謙之坤。艮爲坤卦唯一剛止下之上。羣柔賴之。故言勞。乃互坎象。且山爲地不光於高。晦以致養。勞而不伐。有功而不德。坤厚安於下。君子之所以有終也。三爲謙主。故辭與卦辭相似。卦辭因卦主也。而特言吉者。斷變失其功勞之嫌也。舜稱禹曰。汝惟不矜。天下莫與汝爭能。老子云。功成弗居。夫惟弗居。是以弗去。豈不吉道乎。說命曰。有其善。喪厥善。反此道者矣

六四无不利撝謙

謙之小過。坤爲震。近君多懼。乘功勞之剛。非利矣。而陰柔順正能謙。故无不利也。然徒陰

柔不振。安於卑劣。非在上位者之宜。故又戒以撝謙。撝。揮通。發揮其謙。敬慎威儀。卽變震恐懼脩省象也

六五不富以其鄰利用侵伐无不利

謙之蹇。坤爲坎。居尊而謙。人之所服。但柔虛无力。故曰不富以其鄰。變坎有潛行象。變互離甲。故言侵伐而不言征。亦不富之爲也。謙而不服。其伐必有不得已者。所以利也。坤順臨下。坎水潤下。凡事无不利也。東涯曰。苟負其富強。任之剛暴。出无名之師。齎千里之糧。則國受其弊。民被其害。豈能成功乎。五之所以不富而利侵伐謙之德也。胡炳文曰。謙之一字。自禹征有苗。而伯益發之。五不言謙。而曰利用侵伐者。以戒夫謙柔之過。或不能自

立者也。无不利者。又言謙非特利于侵伐。而他事亦无不利。又以告夫後世之主。或不能謙者也。聖人之言。詳密如此

上六鳴謙。利用行師征邑國。

謙之艮。坤爲艮。謙窮地爲山。爲鳴其謙以揚聲譽之象。與九三勞謙相反。不可用之國容。而可用之軍容。湯武誓師。皆有鳴謙意。謙讓布化。其志未得。亦不得已爰及干戈也。但重艮上下敵應而不相與。自上討下。且艮門非野戰象。又无潛行象。故爲征邑國。朱熹曰。坤爲地爲衆。凡説國邑征伐處多是因坤。亦通

䷏ 坤下震上

豫利建侯行師

爲卦。一剛應乎羣柔。其志得行。又順而動。前定不疚。故其名爲豫。豫。前定也。物有其備也。而建侯行師。是其最大者矣。坤土震長。爲有土象。但一剛在四。下於比五一等。公侯之象。爲興王建國之事。又車發雷聲。奮威武於外。而衆順從之。行師之事。夫豫爲前定。又爲和樂。又爲疑慮。凡事前定則樂爲之。然事之未至。不能无疑。其義展轉相通。卦象无典要辭則因其所主。取豫定之義。至於玩象。或爲逸豫。或爲疑豫

初六鳴豫凶

豫之震。坤爲震。在羣柔下。而獨應卦主。小人得遇與聞豫謀。才弱志窮。不知所爲。又不能

順靜而之震鳴故曰鳴豫幾事漏泄之患亦在其中矣以變象有笑言吉故斷之以凶也

東涯曰貧賤憂戚爲玉汝於成之資孤臣孽子有操心也危之慮處豫樂而遇強援豈能免於凶乎

六二介于石不終日貞吉

豫之解坤爲坎初與四應三五乘承而皆不正溺於豫樂上則窮矣唯二正中主於坤靜獨執耿介操如石之分別不合又變互離明豫前見其諂於五瀆於初三之幾不終日於不正之居而起反其正乃貞吉也介分界也孟子曰柳下惠不以三公易其介石因艮小石日因變互離

六三盱豫悔遲有悔

豫之小過。坤爲艮。盱。上視也。居下之上。而位不當。上視於四。而安豫樂。若能變而止於內。或免矣。然本柔闇。進於過陽。而比於剛。恐其行難改。故戒以悔遲則有悔。足利本豫下有有字

九四由豫大有得勿疑朋盍簪

豫之坤。震爲坤。卦之所由以爲豫。故曰由豫。震長威武。純坤治安。爲長於衆。奮威武於外。能成治安。而大有得。乃覇者之事。但逼尊而專大任。不如比五顯比。不能无疑豫。故曰勿疑也。朋。謂坤衆。盍。何不也。簪。聚也。譬之如簪之聚髮。乃一剛統羣柔之象。言能果決其豫

謀以行之。則朋類雖多。何不統一乎。四非尊位。故稱其所帥以朋。亦長諸侯行師之事。兵法曰。三軍之患。莫大於疑。所以戒也

六五貞疾恒不死

豫之萃。震爲兌。當豫之時。衆之所豫在四。乃五雖尊。亦柔小而乘之。弱主受制於强臣之象。四能疑慮於多懼之居而得衆。是有豫備者也。五則長於尊位。荏苒无所豫謀。權臣勢定。而後妄動。如高貴鄉公是亡道也。故戒以貞則雖疾恒久不死。疾。因互坎。貞。因變正。言不以威動。而能自正。說心臨之。則以得中。故雖不能有爲。亦可以永存也。與萃五合考。義益明矣。二五不言豫。无所豫謀也

上六冥豫成有渝无咎

豫之晉。震爲離。與四遠矣。震動威武。出君位外。亦行師象。而窮无輔。柔闇謀豫。故曰冥豫。變離明。故爲豫謀雖成。有渝改則過可補之象。如富辰諫襄王將伐鄭。子家羈勸魯昭與季氏和。有此意焉。胡炳文曰。或云豫上變則爲晉。明出地上。非冥矣。孝成謂。雲峯多卓見。其取變象。亦諸儒所不言。然未能正九六之名。不知三百八十四爻。皆言乎變。故其說似隔靴搔癢。夫剛柔之動。往來无窮。易之所以易也。聖人繫辭焉。豈外於斯哉

䷐ 震下 兌上

隨元亨利貞无咎

升降否之初上。剛來而下柔。動而說。乃蠱之反。否既通矣。而蠱將飭。宜百事隨時建之制度。故隨有不拘常節意。所以不元則不能亨也。唯其所建。有邪正失得之分。故爲利在貞。夫常度不可以不守焉。然隨无故。有時乎制其宜。故四德不具。則不能无咎。所以戒也。象繫元亨利貞者七卦。乾坤屯隨臨无妄在上經。唯革在下經。皆大有爲之時。以其有乘時勢。故曰元亨利貞。又申戒以无咎等言也

初九官有渝貞吉出門交有功

隨之萃。震爲坤。隨時之始。能降爲長。內動而外說。有官事有所渝變。將成其萃之勢。但萃初有亂萃不定之象。宜正其義而不變操。故戒以貞吉也。出。亦震象。互艮門闕。變柔應四。

不能出門。能守剛德。則无偏應。而得出交。故有功也。如孔子將之楚。欲往弗擾佛肸輩。聖人作用。雖不可測。其意可以竊窺諸此焉耳

六二係小子失丈夫

隨之兌。震爲兌。小子謂初。丈夫謂五。當隨之時。託身於邇。而失正應。不得已之事。蓋隨非常時。故初爲更始。四爲雄霸。五爲與王。上爲至德之作。皆无與故之事。乃二三則間於初四。猶春秋時。攝乎晉楚小國。鹿死不擇音。二之從初。雖非吉行。亦何深罪之哉。故不言凶咎。註音字與蔭遍

六三係丈夫失小子隨有求得利居貞

隨之革。震爲離。四爲丈夫。柔之爲物。不能獨立。必有係也。三雖與初同體。而既比四。故舍初係四。四亦更无應。故三隨意有求必有得。然皆不正不中。雖得不能保。故戒以利居貞。居貞。説在屯卦。但彼謂居而不之。此則謂之而居正。之則離明。聲教可以革。所以利也

九四隨有獲。貞凶。有孚在道以明。何咎

隨之屯。兌爲坎。獲。爭取也。初長於下。四與之敵。爭取二三。而艮於其上。故曰隨有獲。且有迫尊象。如此而貞。則雖有獲。其義凶。是齊桓晉文之事也。在道。謂當上下交際之路。明。即屯象所謂求而往明者也。兌爲和兌。變象坎水。清明能照下情。使通於上。則事雖桓文。亦何咎之有矣。觀於象辭元亨利貞无咎。則思過半矣

九五孚于嘉吉

隨之震。兌爲震。中正居尊。應亦中正。信而相隨。變震上下敵應。兌以出令。能脩威信。可以長於長。乃王者嘉會合諸侯之象。故爲孚于嘉。亦濟否飭蠱之事。但變有震來之厲。故斷以吉也。凡兌體之五。多取號令義

上六拘係之乃從維之王用亨于西山

隨之无妄。兌爲乾。隨窮兌解。位外之人。不定乎一。方伯州牧。不能不拘係之勢將割據。是大亂之兆也。有仁人與。乃從維之使之不解亂。蓋殷之末世。周之盛德有似焉。故曰王用亨于西山。王因變乾。謂文王也。亨。亦因兌之乾。說如大有卦。西山。岐山。說在升卦。夫維人

心之道。莫大於陰隲之福焉。聖人神道設教。託祭祀之會。列貴賤。嚴等威。序親疏。辯賢能。以維持之。是文王之所以撫方夏也。由是觀之。殷末无西山之亨乎。天下爲戰國蓋久矣。若周末使孔子興乎。豈至秦漢以降類敗哉。秉桴之歎。千歳有餘悲矣

䷑ 巽下 艮上

蠱元亨利渉大川先甲三日後甲三日

蠱者。治安久而弊生之謂也。於文。皿蟲爲蠱。器久不用。受蟲害也。泰之將遷。剛升而柔降。降者益卑。而入於初。升者益高。而止於上。乃隨之反也。又長女遇少男。風落山木。惑溺亂敗之象。辭則以飭其蠱爲義。故取其象異矣。巽風出令於内。艮止敗於外。故爲元則亨。又

巽以行權。艮以終始之。大事可濟。曰利涉者因巽木。甲者。日之首。先甲三日辛。後甲三日丁。有事於郊廟之日也。如武成丁未祀于周廟。召誥丁巳用牲于郊。春秋上辛季辛之雩。左傳魯十月上辛有事於上帝先王。禮記郊之用辛。及漢魏以來郊與宗祀。多用丁辛。可見焉。古人將有爲。必質諸天與祖宗。而後發其令。故參甲於辛丁。義亦見巽五註。鄭玄云。甲者。造作新令之日。甲前三日。取改過自新。甲後三日。取丁寧之義也

初六幹父之蠱。有子考无咎。厲終吉

蠱之大畜。巽爲乾。幹。如木之幹。枝葉之所附而生者也。蠱必歷世而後見。故諸爻皆言父母之蠱。子能幹之。則可以飭治焉。有子。謂有才子。如舜有臣。子服氏有子。國有人之類。皆

有賢才之謂也。初主於巽。幹蠱承意。稱而制權。故爲有子則考无咎。父沒稱考。但柔微不果。當事之首。故危變剛能堪其任。又戚君象。故曰終吉。勿論舜之烝烝。蔡仲克庸祗德。蓋前人之愆。如小白重耳。亦厲終吉者也。初非危地。然飭蠱之始。當以危處之。孔穎達曰。對文父沒稱考。若散而言之。生亦稱考。若康誥云大傷厥考心是矣。此避幹父之文。故變云考也。

亦通

九二幹母之蠱。不可貞。

蠱之艮。巽爲艮。王弼曰。居於内中。宜幹母事。婦人之性。難可全正。宜屈己剛。既幹且順。故曰不可貞也。孝成謂。婦女之性。安因循而憚更改。故幹母之時。正之則傷愛。不正則害義。

惟巽順以諷之。則互卦有兌。或見説聽。若因變正。固執正義以臨之。則互兌反爲險。意外之患。不可測焉。睍睆黄鳥。詩之所以興也

九三。幹父之蠱。小有悔。无大咎

蠱之蒙。巽爲坎。幹蠱之時。非進取之才。則不能以濟焉。剛陽過中。是其宜也。小因變柔。有悔。因坎險。如諍臣諍子。負不順之罪。是小有悔也。然居下之上。互有兌震。變互有坤。兌以説之。震以懼之。終于坤安。所以无大咎也

六四。裕父之蠱。往見吝

蠱之鼎。艮爲離。陰柔无輔。止而不能有爲。故爲裕蠱。變離應初。柔微巽承。非輔佐才。故曰

往見吝。見因離見吝。因巽近利。

六五幹父之蠱用譽

蠱之巽。艮爲巽。止於尊位。幹之宜也。靜也。倚任於二。動也。巽風。布令於遠邇。所以有聲譽也。與巽五合考。義益明矣

上九不事王侯高尚其事

蠱之升。艮爲坤。止於位外。有剛高之才。而將晦藏其光。故曰不事王侯。但蠱既窮矣。不可復飭。是以雖遇變。不敢妄動。守其志節。表壁立萬仞之操。則可以爲世準則。故曰高尚其事。夫人異其德。其所事不同。如孔子退而修六經。至高配天。如伯夷辟紂。亦處蠱窮者也。

微子呂望。其歸一揆。設令伯夷食周粟。必與微子呂望共受封矣。至其不食周祿。而明名分。乃可謂高尚其事也已。是皆事外之事也

胡炳文曰。初至五言父子。臣於君事。猶子於父事也。上九獨以不事王侯言者。蓋君臣以義合也。子於父母。有不可自誘於事之外。王侯之事。君子有不可事者矣。是故君子之出處。在事之中。盡力以幹焉。而不爲汚。在事之外。潔身以退焉。而不爲僻。林栗曰。王五也。侯三也。在五之上。不應乎三。不事王侯之象

䷒　兌下坤上

臨元亨利貞至于八月有凶

孔穎達曰。序卦云。臨大也。以剛浸長。其德壯大。可以監臨於下。故曰臨。剛既浸長。說而且

順。又以剛居中。有應於外。故曰元亨利貞也
至于八月有凶者。臨爲建丑之月。從建丑至
八月建申之時。三柔既盛。三剛方退。小人道
長。君子道消。故八月有凶也。剛長之卦。至其
末終。皆應有凶。然復一剛尚微。又未及中。泰
三剛而上下通。通則失正。故特戒之於臨矣。
春王正月考曰。文王奉殷正朔。八月於卦爲
否。程頤曰。聖人爲戒。必於方盛之時。若既衰
而後戒。亦无及矣。自古天下安治。未有久而
不亂者。不能戒於盛也。方其盛而不知戒。故
狃安富則驕侈生。樂舒肆則綱紀壞。忘禍
亂則釁孽萌。是以浸淫不知亂之至也

初九。咸臨。貞吉

臨之師。兌爲坎。咸。感也。初四感應。故曰咸臨。
初未用事。而四至陰。且變有險。然正應相感。

說而順。故遇變不動。志在行正以待時。如顏閔之徒不事。所以貞吉也。顏閔之徒。在上者非不知其賢而感之也。但陰柔不能用耳

九二咸臨吉无不利

臨之復。兌爲震。二與五感。且剛中臨事。爾五柔中委任之。變象動而順。又能下仁。往來皆得。故雖不與初貞同。亦吉且无不利矣

六三甘臨无攸利既憂之无咎

臨之泰。兌爲乾。胡炳文曰。彖惟取剛臨柔。爻則初二外。皆上臨下。三爲兌主。居二剛上。爲以甘說臨人之象。節五之甘。以中正吉。此則不中正。故无攸利。憂者。說之反。能憂而改則

无咎矣。變則爲泰。既憂之无咎。即泰三艱貞无咎也。胡氏言變有如此明者。論在豫卦

六四至臨无咎

臨之歸妹。坤爲震。在地臨於澤之際。而位當矣。應於剛正之初。與之奉五。能薦賢才。臨之至也。意與屯四相似。但變互險。且有己將長之象。恐不免咎。然至臨之質。非妄變其操者。故无咎也。至。贊柔之辭。義在坤釋象

六五知臨大君之宜吉

臨之節。坤爲坎。尊而柔順。下應於二。不自用而聽於浸長之剛。下以兌口獻其中心。有舜之大知好問意。故曰知臨。爲王者臨天下之宜象。變坎知爲君難。亦坎爲耳。有聽象。當位

而節中正以通。則不至險。故斷之以吉也

上六敦臨。吉无咎

臨之損。坤爲艮。坤土艮山。敦厚臨下之象。變象志在內。弗損益之。雖有過高之患。亦吉而无咎也

䷓ 坤下 巽上

觀盥而不薦。有孚顒若

觀。示也。兩剛在上。五以中正。示於羣柔。又坤順巽風。上之所示。如風感物。而下順之。是卦名以觀爲示。而辭則以仰觀爲義焉。重畫似艮。有門闕層高象。而巽木也。坤衆仰之。故以

宗廟言之盥。洗手也。巽爲潔白。互艮手指。手指潔白。有盥象。薦俎百物。坤雜文象。而艮止也。手指以止之。故曰不薦。盥而不薦。蓋謂降神之時也。顒嚴正貌。神之降格。洋洋乎如在其上。如在其左右。故盥而不薦之時。誠信生矣。有孚顒若也。下觀而化。成畏天貴上敬鬼神不忘本之俗。聖人以神道設教。而天下服者。其在斯乎。此卦柔長於下。既入上卦。二剛將消。乃臨之反。凶象不待言矣。而名與辭更取他義。乃知卦象本无吉凶。吉凶以情而遷說如蒙卦註。非唯易爲然。古之善說者。率皆如是矣。說苑曰。詩无通故。易无通吉。春秋无通義。或曰。否觀剝相序。否雖不通。上未失乾威。至觀則上巽。既失其威。剝之將至。惟有觀美。可以維持其衰。

而觀莫神道盛焉

初六童觀小人无咎君子吝

觀之益。坤爲震。柔居最下。而无應援。未能觀乎五之中正。變震爲動爲足。動足企望。如童蒙奔走於觀。故曰童觀。在小人遠於朝美者无咎。非君子所爲。所以吝也。小人。以坤衆柔言。君子。以震長剛言。在之卦爲元吉者。益以興利。與仰觀時不同也

六二闚觀利女貞

觀之渙。坤爲坎。闚。自門內視也。在互艮內。猶節二不出門庭。故曰闚觀。中正順柔。德如女貞。爲五所援。所以利也。但觀時幽閑。變坎隱伏。不能大觀宗廟朝廷之美。雖利在丈夫則可醜矣。初陽而微。故爲童。二陰而中。故爲女

六三觀我生進退

觀之漸。坤爲艮生。如人之生也直之生。謂立身於世也。如曰我生不有命在天。以踐帝位爲我生。如曰文王蹶厥生。謂與王業也。等而下之。則大夫士庶皆立其身。各有所宜。詩云。無忝爾所生。亦同義。說者訓所生爲父母。失所字義矣。進。謂往剛。退。謂反柔。所謂變化者進退之象者也。五爲觀主。近者賓王。遠者童女。唯三下之上。可以進。可以退。進則位當。互離相見。然有互險之慮。退則闚於觀。然順而安。惟能自審。觀我生分之所宜。可以進退已

六四觀國之光利用賓于王

觀之否。巽爲乾。風從天在地上。象風教之明。猶天光垂耀。故曰國之光。否四所謂疇離祉

者也風敎存乎君德而四承五所以能觀也又往来皆有互艮巽爲命令乾爲衣爲金玉坤爲裳爲布帛而艮門也命令既施衣裳尊卑各得其所布帛金玉陳於門闕爲賓王之象古者以賓禮親邦國如賓于四門是也故諸侯朝王曰賓

九五觀我生君子无咎

觀之剝巽爲艮巽風譬之君子德下觀而化猶草之偃於風觀之極也變則爲剝故爲不失君子德則无咎也項安世曰觀本小人逐君子之卦唯五中正羣柔仰之然其勢實危故五上皆戒以君子无咎如唐武宗之時内之宦者外之藩鎭但以武宗剛明故不敢動一日事變萬事去矣

上九觀其生君子无咎

觀之比。巽爲坎。其指前爻觀民。象民者五之所有。故在五言我。上則高而无民。不能布化志未平矣。然本有剛德。爲民所仰觀。變象比之无首。難之窮也。故亦爲不失剛德則无咎如孔子曰匡人其如我何。事情雖異。亦有此意焉。大抵與履上相似。彼變无凶。此變有凶。時義不同耳。或曰。上猶上皇。後世玩占之言耳。古者人君无生而傳子之禮。故无上皇矣

䷔ 震下離上

噬嗑亨利用獄

震下艮上爲頤。頤中有一剛。故曰噬嗑。噬。齧也。嗑。合也。齧而合之。則物能和。故亨。名義止

是矣。治獄亦通隔之事。故曰利用獄。然依名義。則初上爲主。治獄則非无位者之事。故釋象取象異矣。卦有自否來象。否塞不通。獄訟以起。初五相易。剛柔分焉。動而明。象獄情見又威嚴如雷。照幽如電。而讞獄无留。又五虛中以聽。且无偏應。又賁之反。賁者文敎也。刑以弼文。皆用獄之義也。夫疑獄之難決。雖聖知不能盡其情。故曰與殺其不辜。寧失不經。故折獄主哀敬。而貴柔聽。

是五之所以虛中而利也

初九屨校滅趾无咎

噬嗑之晉。震爲坤。初上无位。爲受刑之人。自二至五皆爲折獄之人。初爲動主。因獄之魁也。然其居本正。但无應於上。時則噬嗑。不度其時而妄動。其罪淺小。懲之耳。校。木械也。屨

校所以禁行也。變沒足象。故曰滅趾。言改威殺剛健之行。而之衆順。能承上明。可以善補過也。與晉初裕无咎。意相發矣

六二噬膚滅鼻无咎

噬嗑之睽。震爲兌。司馬光曰。噬嗑食也。故以食物明之。朱熹曰。祭有膚鼎。蓋肉之柔脆。噬而易嗑者。孝成謂。膚。因兌柔。鼻因互艮上連下虛。互艮沒於互坎。變亦亡艮象。故曰滅鼻初剛非易制者。而二乘之比近能知其情。說心臨之。繼以肅殺。如噬膚之易。以无哀矜意。譬諸貪噬肥肉。而沒鼻於器中之醜。然本中正。故无咎也

六三噬腊肉遇毒小吝无咎

噬嗑之離震爲離。周禮腊人掌乾肉。疏云。腊之言夕也。朝暴而夕乃乾也。離爲燥熯。故以腊肉爲象。曝之未久。味厚。或毒人。如厚味腊毒。可見。且互坎有毒象。噬嗑之時。二中於下。而主庶獄。爲執法臣。故噬膚而无咎。三雖居高其位不當。非任事者。乃疑獄可以與聽焉。若離明自用。則人不服。反致怨懟。猶噬腊遇毒。所以小吝也。惟能柔聽。可以无咎矣。噬腊肉難於膚

九四噬乾胏得金矢利艱貞吉

噬嗑之頤。離爲艮。離爲乾卦。故曰乾胏。胏說文食所遺也。本作𦛏。從肉仕聲。引易噬乾𦛏孔穎達曰。乾胏。臠肉之乾者。程朱以爲肉帶骨者。未知何據。然因剛在柔中。爲肉帶骨之

象亦可。周禮訟入束矢於朝。獄入鈞金於朝。然後聽之。註云。百矢曰束。三十斤曰鈞。矢取其直。金取其堅。四進近君。與聞獄訟於朝。故有得金矢之禮。但二三五皆以柔聽无咎。四則剛而明。迫尊不正。且在於互坎。有獨舞其法之象。故戒以艱貞。言能知其險變止於正。不見其剛明。則雖陰柔未光。亦可以得吉利也。舊說四獨吉者。治獄貴剛也。非矣。稱吉者斷疑耳。翼

註詳焉

六五噬乾肉得黃金貞厲无咎

噬嗑之无妄。離爲乾。離中柔。變而乾堅。是乾肉也。噬乾肉。易於腊胏。黃。中色。四得金矢。而五唯金。非大獄。不以聞也。居尊折獄。人无不服。故雖大獄亦易。然萬幾之所在。且在互坎

上變乾爲冰。其危如涉薄冰。亦惟貞。則雖危无咎矣

上九何校滅耳凶

噬嗑之震。離爲震。何。擔也。何校。械在頸也。初動於下。變而之順无咎。上則之動。滅其離聽。故曰何校滅耳。不能聽其過。所以凶也

䷕

離下
艮上

賁亨小利有攸往

賁。飾也。升降泰之二上。艮光於上。離明於下。爲剛柔交錯相飾之義。又噬嗑之反。噬嗑爲法。禮與法表裏也。故賁爲禮文之象。禮之爲文雖大。守之在小。不矜細行。終累大德。故守

六四。賁如皤如。白馬翰如。匪寇婚媾。

賁之離。艮爲離。三爲離。離明之盛。四則艮光。世變風移。禮文宜更張時也。凡二五三上皆不相與。獨四與賢明之初應。如屯四求婚往。是當更張位。而能揚側陋者也。但變互巽。疑懼其異於二五三上。將舍求初之志。而成離四突來之禍。故爲賁如者皤如矣。皤。白也。亦因互巽。而言失其賁飾也。又互坎爲馬。坎爲巽。是白馬也。翰。馬色白也。變有互兌。說駕而无脩飾。惟見其翰如耳。在本卦亦惟專務脩飾。因循守常。相得於近。不能覦遠。二附於三。五求於上。是以舜後於朱鯀共工而薦。傅呂微於夢卜而後舉。得人之難。雖聖世猶然。四之應初。人或慮非常行害時事。故言匪寇婚媾。以勉之也。寇。因互坎。婚媾。明初四皆正其道。

必成
也

六五賁于丘園。束帛戔戔。吝終吉

賁之家人。艮有丘象。如頤二渙四因互艮而言丘。可見。又艮為果蓏。故以丘園為象。賁柔受飾於剛。二麗三。四應初。故五之丘園。求賁於上也。上有高尚光。而隱於事外。乃以束帛聘之矣。但柔質无輔於下。未大有為。故其聘戔戔。所以吝也。然招賢而往。終能成有家之吉。朱熹曰。束帛。薄物。戔戔。淺少之意。是也。孔穎達曰。此普論為國之道。不尚華侈。而貴儉約也。義亦通戔。
字書引子夏易。作殘殘

上九白賁无咎

賁之明夷。艮爲坤。賁終復素。功成名遂身退。所以无咎也。卦本剛上文柔。乃變爲柔。則反其本。不明而晦。是處於事外之道也

䷖ 坤下艮上

剝不利有攸往

剝。落也。柔剝剛。將盡於上。爲小人盛而君子衰之義。如陳涉亂秦。赤眉亡莽。黃巾滅漢。亦皆下剝上者也。乃至明季羣盜人相食。凶殘甚於虎狼。故釋彖大象皆觀象別示義教矣

初六剝牀以足蔑貞凶

剝之頤。坤爲震。牀人所處。坤象。而震足。故以剝牀足爲言。坤以安靜爲貞。是剝其足。動而

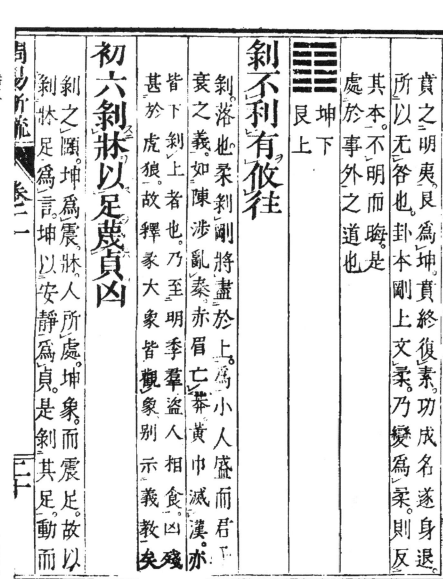

不能安靜。蔑貞

則凶。蔑。滅也

六二剝牀以辨蔑貞凶

剝之蒙。坤爲坎。辨者。牀身與足所分辨之橫木。因剛貫於中。且坎爲堅木也。漸進剝辨。險而不能安處。

凶與初同

六三剝之无咎

剝之艮。坤爲艮。剝既迫上。剝之甚也。然獨與上應。志從君子。變艮其限。失上下羣小之心。是以能止。補過者也。上於足辨。亦牀也。而不言者。將剝之耳。其實无所剝也

六四剝牀以膚凶

文之時。小事可以利往。不可以爲大作。故亨亦不言元矣。王弼曰。柔來文剛。居位得中。是以亨。剛上文柔。不得中位。不若柔來文剛。故小利有攸往。舉正云。今不字誤作小字。因舉正則爲文明而止之時。往隨便宜。則舊章壞之義。亦通

初九賁其趾。舍車而徒

賁之艮。離爲艮。賁之最下。故曰賁其趾。艮爲山。爲徑路。象文明之人。舍其明象。從重山徑路而往。故曰舍車而徒。謂脩飾行義。止於无位。而不仕者。卽艮初利永貞者也

六二賁其須

賁之大畜。離爲乾。中正而明。陰柔无應。不能獨立。三以剛陽而居其上。亦无應焉。近而相

得。剛柔相賁。又互坎爲血。而承於五。血盛則鬚美。但陰不能自生。得陽而後生。是二之所以上附而與輔元首也。譬之飾其鬚以成面色。大濟濟多士。陳力就列者。皆賁須之徒也。變象義微。故言不及。朱震曰。毛在頤曰須。在口曰髭。在頰曰髯。三至上有頤體。二在頤下。須之象也

九三賁如濡如永貞吉

賁之頤。離爲震。居文明終。故賁如也。因互坎而又曰濡如。賁色得潤。光彩益彰。賁如濡如。飾之盛也。盛必招衰。且變象失位而動。故戒以永貞則吉。戒盛之意。與臨象同。蔡淵曰。互坎剛中心亨。故永貞吉

剝之晉。艮爲離。離麗也。有災麗乎身象。且去下而上。故爲剝林而上及人肌膚。朱熹曰。禍切身。故不復言蔑貞。而直言凶也

六五貫魚以宮人寵无不利

剝之觀。艮爲巽。巽有魚象。身實尾拆。隱入蘆廻。故乾四變言躍淵。姤下巽中孚上巽。皆言魚。井亦下巽言鮒。夫魚陰物。羣柔相次。如貫穿魚。故曰貫魚。而五爲之主。在艮門闕中。尊而比上。上則王在內寢之象。故爲后以宮人進御之象。變有巽風窈窕淑女。君子好仇。王化之本。所以无不利也。程頤曰。剝及君位。其凶可知。故別設義以開小人遷善之門。丘富國曰。遯剝皆柔長之卦。遯柔猶微。遯三言剛制柔。故曰畜臣妾。剝柔已極。不可制矣。故欲

柔之從剛。權在剛則告以制柔之道。權在柔則教以從剛之利。其委曲如此。孝成謂易象也。貫魚宮寵。皆象也。擬議以成變化。則如文王率殷叛國而服事。亦類耳

上九碩果不食。君子得輿。小人剝廬。

剝之坤。艮爲坤。碩者。充實而大也。艮果一剛止而未剝。象碩果之繫。剝有頤口缺下顋之象。故曰不食。一剛在上。羣小仰之。下坤爲輿。故曰君子得輿。言能統御羣小也。變而爲柔。則如剝所覆於上之廬。无所容其身也。艮爲門闕。廬亦類也

䷗ 震下坤上

復亨。出入无疾。朋來无咎。反復其道。七日來復。

利有攸往

一剛在羣柔下。有冬至陽氣動於地下之象。十二卦配月之義始于斯矣。乃剝之反。以爲人道復善之始。故曰復。剛復則亨。又動而以順行。故爲出入從事无疾病。朋來亦相助爲善而得无咎。出。取於一剛順行有爲師爲謙爲豫爲比爲剝之象。入。乃自剝反也。朋同類朋來。謂臨泰壯夬以至于乾。其道出入之道也。一剛歷六位而出。七更而復其初。如循環之无端。譬諸日運行。故曰反復其道七日來復。又一剛當於五柔。其勢雖微。將朋來而長。故利有攸往也。胡炳文曰。復下震。震位於東。爲日出少陽之方。七其數。故曰七日。臨下兌。兌位於西。爲月生少陰之方。八其數。故曰八月。鄭剛中曰。論剛則以日計。幸其至之速。

論柔則以月計。幸其消之遲。

胡鄭之言亦通。雖然皆傍義

初九不遠復。无祇悔。元吉

復之坤。震爲坤。坤順。故初之履霜。戒積善積不善之漸。復小而辯。早知不善。不遠而復。无祇悔也。又居震長初。而爲卦主。當於孳柔。故不元則不能吉也。按字書。王肅陸績本。祇作禔。九家易作敍。論語多見其不知量。疏云。古祇字。左傳多。服虔本作祇。註適也。蓋適者。相當之辭。无適悔。言失之遠。必有悔。唯能速復。其失微。无以當悔之意也。祇禔敍多。竝音支

六二休復。吉

復之臨。震爲兌。初有長人之仁。二以中正而與之比。能下其仁。使初主事。故能休美其復。

如蕭曹之下劉季似爲但乘將長之剛有爲所侵陵之懼故斷以吉翼註詳之之卦咸臨吉利亦大矣

六三頻復厲无咎

復之明夷震爲離過中不正居動之窮復正不固屢失屢復故曰頻復但復正則有明夷之難故危然正而傷其義无咎矣

六四中行獨復

復之震坤爲震上下各有二柔而四居其中故曰中行雖陰柔而獨應初與善故曰獨復但初剛尚微四亦孤獨未至大有爲與震四未光正相發矣然能從道何不吉哉而不言

者。无不吉之嫌也。中行義見泰卦。郭雍曰。剝三復四。反對相類。在剝取失上下。在復取獨從道

六五敦復无悔

復之屯。坤爲坎。不正无輔。然中而坤厚。能愼細行。不敢妄動。則无悔。與變象小貞吉大貞凶相發矣

上六迷復凶有災眚用行師終有大敗以其國君凶至于十年不克征

復之頤。坤爲艮。復之最後。坤闇迷途。而不能復。非逸遊滿假。則陷於邪說。皆凶道也。必有

災眚。又坤衆艮止。衆止位外而不復。有好戰黷武之象。久暴師必有大敗。左右其國則君之凶。孟子所謂大敗將復之。驅其所愛子弟以殉之類是也。不仁甚矣。何能征哉。孫武稱。兵聞拙速。未覩巧之久。夫兵久而國利者未之有也。亦此意。胡炳文曰。天數極于九。地數終于十。故凡言十年者。坤終之象也。屯十年乃字。頤十年勿用。皆互坤。蔡清曰。有災眚申言其凶也。用行師以下。又申言其災眚也

震下
乾上

无妄元亨利貞其匪正有眚不利有攸往

戰國策曰。世有无妄之福。又有无妄之禍。史記作毋望。謂无所期望也。无所期望自然而

至者。天之命也。其於人也。福善禍淫。皆自然之符也。爲卦大畜之上來。而爲主於內。動而健。又五中於天。二以正應於下。而動。象天之剛德亨。物自遂无妄之性。乃君上布化。萬民以貞之義。故曰元亨利貞。但五爲卦主。若變其操。則不正。而互坎有眚。蓋天道无所期望而自正矣。而人道皆有所期望。可以成焉。故戒以不正必有眚。且變喪其天象。天命不祐。故不利往也

初九。无妄往吉

无妄之否。震爲坤。正於下而无應。有如伊呂將終身於莘渭之意。故爲无所期望。變象拔茅。得志順天。故往則吉也

六二不耕穫不菑畬則利有攸往

无妄之履。震爲兌中正應尊。宜奉公盡力矣。不耕穫不菑畬。因震春兌秋。以喩不事恒產。御道而行。俛焉孳孳。斃而后已意。與履二幽人貞相反。如伊尹處畎畝。幽人貞也。及湯幣聘。以天下爲己任。乃不耕穫菑畬之時也。是其志專在邦家。匪躬之故。所以利有攸往也。二四不言无妄者。有所期望也。其望正大。故利而无咎矣。二正而之大。四大而之正。二欲大。四欲正。易之情也。蓋天道无妄。萬物之性。亦皆无妄。以其受之天也。夫有无妄之福。則又有无妄之禍。觀動植殺摧可見。故人道成於期望。但其所期望。有失得而禍福報之。聖人有憂之。爲之立教。其所期望。在使人得天祐吉利。是天人之分也。故人之无妄。多有意

外之災。故曰无妄災也

六三无妄之災或繫之牛行人之得邑人之災

无妄之同人。震爲離。柔處過陽。動窮无所爲。應亦事外。故无所期望。偶然遇災。或因反巽。繫牛。因變離。惟是无妄。无意於守。復失其離象而從上。故爲行人得之。行人指上。因乾行外。朱熹曰。无妄之災。譬如行人牽牛以去。而居者反遭詰捕之擾

九四可貞无咎

无妄之益。乾爲巽。多懼无輔。變巽不果。然至陰柔之所固有也。之則安而正。故曰可貞。且上順於正尊。下聽於賢初。成功可期。是以无咎矣

九五无妄之疾勿藥有喜

无妄之噬嗑。乾爲離。五中正天德。應亦中正。无妄之主。无期望。无虛妄矣。但變象不正。互坎心病。且離坎相交。譬如日月之食。故曰无妄之疾。宜居易以俟命。不可行險以徼幸。故戒以勿藥。夫德慧術知存乎疢疾。所以有喜也。藥因噬嗑頤中物

上九无妄行有眚无攸利

无妄之隨。乾爲兌。窮居位外。无可期望之事。雖乾行。无復所行。行則有眚。而无所利。變隨非常道。故言不及焉

䷙ 乾下 艮上

大畜利貞不家食吉利涉大川

大謂剛。一剛在上而爲艮主。畜乾於下。故曰大畜。爲能識前言往行、蓄剛健之道於內。篤實煇光。日新其德之象。又无妄之初。升而居君位上。爲尚賢之象。又分二體。則艮三大而正。非大正則不能蓄健。故曰利貞。又蓄之大者在養賢。賢者祿於國。不食於家。孟子曰。修其天爵。而人爵從之。是盛世之美事。所以吉也。又无妄之二。升而居尊。下應於乾。有乘天之象。大事可濟。因无妄互巽之反。言利涉也。按表記引不家食吉。鄭註曰。君有大畜積。不與家食之而已。必有祿賢者。孔疏曰。易註云。自二至上。有頤象。居外。是不家食吉而養賢也。亦通

初九有厲利已

大畜之蠱。乾爲巽。三剛皆爲艮所畜。初微而有進。不揣時而欲遽進。故有厲。若已其剛健。則巽順以不犯災而行。故曰利已。幹蠱當進。故以剛得吉。畜時則否

九二輿說輹

大畜之賁。乾爲離。將行輔五乃所畜。以其處中。故能自止而不行。因下乾互兌。曰輿說輹。輿小畜三似而異矣。彼言說輻者。車破而不能行也。此則受畜於五。君臣之義。遇不遇命也。故說輹而不行。變亦有知時之明。故无凶咎。輹。車軸縛也

九三良馬逐利艱貞曰閑輿衛利有攸往

大畜之損。乾爲兌。重剛過陽。與上敵應。不爲所畜。將進從於位外山徑。乾爲良馬。互震爲馬作足。爲車有雷聲。故曰良馬逐。是危象也。故以艱貞戒之。曰。辭也。有思謀意。言雖利艱貞。然有危象。又爲之謀曰。閑習輿衛。進退必節。能剛能柔。則上同志。損三得友之美可成。乃可以利往矣。閑輿衛。因乾輪轉

六四童牛之牿元吉

大畜之大有。艮爲離。艮體之始。多懼而正。愼畜於初。故曰童牛之牿。童艮牛離。牿。如舍牿牛馬之牿。牢也。言畜童牛於牿。待其長大。而供民用。以譬教育子弟於庠序。而後可供家國之用。乃少男爲文明之象。故元吉也。牿一作梏。見字書

六五豶豕之牙吉

大畜之小畜。艮爲巽。豕。家豬。豕子爲豶。豶豕取象於童牿。埤雅曰。牙者。畜豶豕之杙。海岱之閒。以杙繫豕。謂之牙。今牙門之牙。亦指門前橫木而言。占謂之行馬。所以止行人也。此說他所未見。然與前爻之牿對。則義似穩。蓋前爻言禮文之防未然。此爻因巽令象。言能制已發。與小畜以鄰相近觀諸前爻則有閒矣。故不言元也

上九何天之衢亨

大畜之泰。艮爲坤。上爲畜主。以天道爲已任之象。何如何校之何。商頌百祿是何類皆同義。靈光殿賦曰。荷天衢以元亨。可見古有訓爲荷者。无妄之初升遇尚賢時。篤實輝光。日

新其德以爲泰和凡事无蔽阻是亨也曰元亨者賦人不知易義也天因下乾衢因變坤

䷚ 震下艮上

頤貞吉觀頤自求口實

剛在初上其内皆虚上止下動有頤口象口所以養凡卦内有坤象坤爲致養二四致養於初矣三致養於上矣五則君位无所不養焉故頤爲養凡養不正則有凶咎如厚味腊毒驕奢淫佚來於寵祿可見故戒以貞吉也觀頤觀其所養之人也聖人養賢以及萬民觀人頤之大者故特言之也又卦中虚虚必求實故曰自求口實學以求可爲口實者自養其德也如霍光好孝經言爲口實是矣

初九。舍爾靈龜。觀我朵頤。凶。

頤之剝。震爲坤。卦爲頤養之義。又中虛似離。離爲龜。但初上實而內皆虛。異於常龜。故曰靈龜。龜清靜不食之物。朵垂也。垂頤謂致養於下。即二四顛頤者也。爾指二四。我則初也。初剛正。象靈龜之最美者。惟是頤時。二四皆舍其靈龜而取頤養。觀我而朵養。初爲動主。雖有剛正美。亦動心於膏粱之味。不能守清靜不食之操。終爲剝初滅貞所以凶也。如世祿之家。鮮克由禮。以蕩陵德。及重耳之將安於齊。亦皆朵頤之喻也。戒意深矣。離爲目。故卦辭此爻皆言觀也。爾雅十龜。一曰神龜。二曰靈龜。

六二。顛頤。拂經于丘頤。征凶。

頤之損。震爲兌。无應而與初比。倒致養於无位。初。故曰顛頤。經所以持緯。謂義之不當遷焉者。初四二五三上相應經也。二之顛頤拂經者也。于丘頤。謂變剛事五也。丘。因艮山。猶同人三。震二漸五。皆因艮稱陵。此卦三與上應。四與初應。五則君位。衆之所仰。唯二中正。无所係屬。而比於初。如狐趙輩奉重耳類。雖顛拂亦時之所不得已也。若變操應五。則兌說求容。口舌從之。損下益上。失羣柔心。常事猶可免焉。征戰必敗。有孟子所謂民得反之意。故斷之以凶。征因震武。

六三拂頤。貞凶。十年勿用。无攸利

頤之賁。震爲離。致養於上。非顛頤者。非拂經者。但皆不中正。養不得其道。故曰拂頤。拂頤

而貞則凶。久之不可用。必无所利。與貞三永貞吉。表裏相發矣。十年。說在復卦

六四顛頤吉虎視耽耽其欲逐逐无咎

頤之噬嗑。艮爲離。致養於初。非拂經者。顛頤者也。正應而養剛賢於下。異於二之不得時而顛頤者。故以吉斷之也。九家易艮爲虎。而離目。故曰虎視耽。當作眈。說文曰。眈。視近而志遠。引易虎視眈眈。註下視貌。今本作耽。誤。四志在初。爲二所隔。近視二而遠志初。故下視耽耽也。逐逐。求而繼也。既得賢輔於下。而上承君位。其欲博養衆之心。逐逐不歇。則文明之德。亦可以施。

雖多懼无咎也

六五拂經居貞吉不可涉大川

頤之益。艮爲巽。尊而艮少。无輔於下。反求於位外之上。拂經者也。獨不言顚者。人君无所不顚。且委任於上。而己則无爲也。變巽順以從上益下。然艮少之主。不可以作大事。居貞吉耳。居。因巽股。不可涉大川。亦因變巽。猶有上之可以由頤。乃五則不可涉也

上九由頤。厲吉。利涉大川。

頤之復。艮爲坤。五師事之。倚賴其道。以養國人。故曰由頤。艮上有高尙象。其才足以有爲。但卦窮任大政。民具爾瞻。故厲而吉也。利涉。非本畫象。五不可涉。上使五能涉也。與復上相反者。復敗於後。頤利於終也。李舜臣曰。由豫在四。猶下於五也。而已有可疑之迹。由頤在上。則過中而嫌於不安。故厲。程頤曰。如伊尹周公。何嘗不憂勤兢畏。故得終吉

☱☴ 巽下兌上

大過棟橈利有攸往亨

二柔在初上四剛充實其内。大者過也。初上才弱不能支之。故曰棟橈。剛雖過而二五皆中。任雖重而巽順說行。所以利有攸往而亨也。此卦反顛所向皆爲巽木。且中實似坎。坎爲堅木多心。故以棟爲象。

初六藉用白茅无咎

大過之火。巽爲乾。巽爲股。而初爲之主。承過盛剛以往。必有前趾不勝之咎。初柔爲民。民行不責无禮。雖錯諸地而可矣。惟是巽順從乾。乾爲天爲敬畏。不敢錯諸地。藉之以茅。又以白潔之。敬畏之過也。能愼斯道。天命祐之。所以无咎也。茅雖薄物。用心如是。則庶勝其任矣。白。巽象。茅。潔齊物。亦巽象。祭祀藉白茅於俎。漢書淮陽憲王傳。引此爻曰。臣子之道。改過自新。潔己以承上。然後免於咎也。

九二。枯楊生稊。老夫得其女妻。无不利。

大過之咸。巽爲艮。巽木兌澤。楊者近澤陽氣易感之木。陽過則枯。剛過陽之過也。故卦有枯楊象。稊荑同。卉木初生也。二无應於上。而下比於初。剛雖過。而未過中。巽木得助。且長且高。故爲枯楊得陰潤更生稊。老夫得女妻而成生育之象。凡事得助下民者。无不利也。雖言不及之卦。而生稊得女妻。皆伏咸象。司馬光曰。剛已過矣。可濟之以陰。不可濟之以陽也。故大過之剛。皆以居陰爲吉。不以得位爲美。

九三。棟橈凶。

大過之困。巽爲坎。三四變皆坎。故以棟象當之。棟在中任重者。以譬所仰望之人。子産曰。棟折榱崩。僑將壓焉。子貢曰。梁木其壞。哲人其萎。則吾將安放。梁亦棟類。三以剛陽居下之上。過之甚也。雖有應在上。棟非可自上支者。故橈矣。卽困三入室不見妻凶者也

九四。棟隆吉。有它吝。

大過之井。兌爲坎。剛在陰位。居上之下。過而不甚。有應在初。民之所歸。猶柱之支棟。故曰棟隆吉。但巽爲近利。爲木。爲高。爲工。爲潔。而初爲之主。四應以說。有木而工度之高潔以

表之近利以自說。有峻宇象。且居多懼而變有險。故戒以有它之吝也

九五枯楊生華。老婦得其士夫。无咎无譽

大過之恒。兌爲震。雖尊中正无輔於下。反求於上。且兌爲秋。爲毀折。變震爲春。爲卑。故曰枯楊生華。生華雖榮。枯楊而華。適足以速衰。老婦謂上。士夫謂五。此士夫得老婦也。而倒其文者。上說其不外也。老婦士夫。亦不得已之事。雖无咎。在士夫殊非美也。與恒五夫子凶。意相發矣。初少於二。女未嫁之稱。五少於上。士未娶之稱。馮琦曰。老夫之得女妻。再娶女之夫也。老婦之得士夫。婦再嫁而夫未娶也。凡人倫之變。備見於象矣

上六過涉滅頂。凶无咎

大過之姤。兌爲乾。過窮才弱。不足以濟。而說將濟。故曰過涉。求濟之過。不知時變。遂至滅頂之凶。即姤上姤角者也。涉因兌澤。頂因乾首。孔穎達曰。猶龍逢比干直言遂至滅亡。朱熹因以爲殺身成仁之事。於義无咎矣。夫吉凶所以示民以行之美惡也。成仁就義。雖時不利而至殺身。豈謂之凶乎。孔朱皆誤。如明方孝孺忿言滅族。大過兌上是肖此。雖是凶其心何非。不可咎耳。與節上苦節貞凶合考其義全矣。丘富國曰。初柔承剛。故藉茅无咎。上柔乘剛。故滅頂凶。足知處大過之世。不惟不欲剛之過。而柔亦不容過也

䷜ 坎下坎上

習坎有孚維心亨行有尚

習。如習教事之習。習慣之義也。處重險者。能習其險。處水習水。故曰習坎。其象爲水洊至。水流混混。盈科而後進。譬諸人行。居險而不失信。故曰有孚。人之遇於坎險者。必有備嘗之益。孔子曰。三折肱而成良醫。陳蔡之閒。丘之幸也。二三子從丘者。皆幸人也。孟子亦曰孤臣孽子。操心也危。慮患也深。故達。但險時有難見諸行事者。故其所亨。亦惟心耳。因二五中實云爾。若得行。則有功可貴尚也。或曰。六子重卦。坎居最先。故加習字以起後例。舉正曰。今本習坎上脫坎字。未知孰是。

初六。習坎。入于坎窞。凶。

坎之節。下爲兌。柔微習於不正。習與智長。動則兌說。以應於險。故入于坎窞。兌澤泥之。坎道而不能出。終誤一生。所以凶也。其徵曰。坑坎中小穴。傍入者曰窞。坎之柔畫象水。旁兩岸。其缺象岸側小穴。故初三皆曰入于坎窞。

九二坎有險求小得

坎之比。下爲坤。在坎之時。剛陷二柔。故曰坎有險。雖剛未出險中。不能大得。變象應五。求援於五。可以小得耳。然不如比時之貞也。小象

六三來之坎坎險且枕入于坎窞勿用

坎之井。下爲巽。居兩坎際。進之則坎。退來亦坎。故曰來之坎坎。因巽爲股爲進退。象步險也。又坎爲堅木。在下之上而支上卦。故曰險且枕。遂不能進。乃入于坎窞。然既出中。故不

至凶。終无功耳。勿用。有巽順以俟命之意。與井三心惻相發矣

六四樽酒簋貳用缶。納約自牖。終无咎

坎之困。上爲兌。因兌口言飲食。因互震言缶。因變互離言牖。因險之兌言終无咎。朱熹曰。晁氏云。先儒讀樽酒簋爲一句。貳用缶爲一句。今從之。貳益之之也。周禮大祭三貳。弟子職左執虛豆。右執挾匕。周旋而貳。是也。五尊中正。而四近之。在險之時。剛柔相際。故有用薄禮。益以誠心。進結自牖之象。牖非所由之正而室之所以受明也。始雖艱阻。終得无咎。疏徵曰。以樽盛酒。以簋盛食。又以缶盛酒貳其樽。爲樽之副。樽中之酒不滿。酌缶之酒以益之也。故虞翻云。貳。副也。李舜臣曰。坎險之時。以漸出上爲貴。四離下體而附於五。直情相

結而期濟難不待繁文縟禮以達誠意也程頤曰自牖譬因其心之所明而導之能發揮傍義者也

九五坎不盈祗既平无咎

坎之師上爲坤水之性盈則溢溢則行行則潤下五爲卦主且尊中正不與二同勢將以行矣然亦陷於險不啻未行故曰坎不盈變坤爲平故適既平則雖未大行亦无咎以喻世事平則險可濟也馮掎曰龍門之險水流湍激至孟津而平乃利涉焉

上六係用徽纆寘于叢棘三歲不得凶

坎之渙上爲巽險窮而之巽入且四以下皆奉五有事事焉上則事外爲所繫囚三歲不

得兌之象。巽爲繩。故曰係用徽纆。三股曰徽。兩股曰纆。又坎爲堅木。爲赤。棘心赤而多刺。叢生。宜以爲藩。九家易坎爲叢棘。故曰寘于叢棘。左傳曰。囚諸樓臺。栫之以棘。是也。周禮司圜收教罷民。能改者。上罪三年而舍。中罪二年而舍。下罪一年而舍。不能改而出圜土者殺。三歲不得。蓋謂上罪不能改者也。竊疑此爻。凶不假言焉。凶字恐出之誤也

䷝ 離下離上

離利貞亨畜牝牛吉

離。麗也。柔麗於兩剛間。其象爲火。萬物皆有所麗。而火則麗而明者也。物之所麗。不正則不能利而亨焉。此卦下三畫正。而上則皆不正。然重明以麗乎下之正。二爲卦主。而柔順

中正。故爲利貞而亨。又外剛內柔。牛之性也。而在下者牝焉。最順。故以牝牛爲象。言能養順正之人。以與之謀則吉。亦重明麗正之義也。

初九履錯然敬之无咎

離之旅。下爲艮。離之最下。譬足履地。故曰履。初剛雖明。如火之在卑焰焰。未能照遠。志欲上進。是非紛雜。足錯不定。其行錯然。與旅初瑣瑣同意。但旅親寡。无所容而至取災矣。離初有履。履而敬之則不失禮。所以无咎也。

六二黄離元吉

離之大有。下爲乾。黄離。麗乎中道也。文明從天以應五。則當大有之路。故不元則不能吉

九三日昃之離不鼓缶而歌則大耋之嗟凶

離之噬嗑。下爲震。重離之際。前明將盡。故曰日昃之離。言離日之昃也。乾三之變有互離。曰終日曰夕。亦與此同。宜委事於來者養其衰暮。今者不樂。逝者其耋。徒有嗟耳。亦无用於事。所以凶也。嗟。嘆聲。因互兌。缶歌皆因變震。耋。昳也。七十致事。過七十則如日昳。至八十謂之大耋。少壯不努力。老大徒傷悲意。亦在其中矣

九四突如其來如焚如死如棄如

離之賁。上爲艮。前明既盡。後明繼出。故曰突如其來如。又火從山。猛炎殊烈。玉石倶焚。故曰焚如。言勢迫尊位也。不戰自焚。故曰死如棄如。變象求輔於初。但突來之勢。其剛暴不

可救也如此。坎三日來。來而下也。離四日來。來而上也。離卦曰。離上而坎下也

六五出涕沱若戚嗟若吉

離之同人。上爲乾。以柔居尊。无輔於下。而乘突來之四。憂畏之深。至戚而出涕。然尊而明。變正與二相遇。而得其助。所以吉也。出涕。因離目苦煙之象。嗟。因互兌。與同人五。事情雖異。先艱而後吉之意則同。胡炳文曰。坎中有離。自牖。離虛明也。離中有坎。沱若。坎水。戚。心憂也

上九王用出征有嘉折首獲匪其醜无咎

離之豐。上爲震。離甲動於上。行威殺於位外。文王受命。有此武功之事。可以當之。故言王

用出征。王征則徧告于諸侯。必有亨獻嘉會。故曰有嘉。亦取象於離見文明。惟是兩明竝照。雷電相熾。恐過明威。故戒之以折首。所獲殺者。不其醜類。則无咎。折。如折獄之折。殲厥渠魁。脅從罔治之意也。劉向上疏引此爻。以爲誅首惡之人。而諸不順者。皆來從。詩曰。征伐獫狁。蠻荊來威之義也。李過曰。繼體之君。自當出征。有扈之戰。啓所以承禹。商奄淮夷之征。成王所以繼武王。周公作立政。終之曰。其克詰爾戎兵。以陟禹之迹。召公畢公告康王。无他意。惟曰。張皇六師。无壞我高祖寡命而已。蓋不如是。不足以正邦也。劉李之言。恐非經本旨。然能發傍義者也

周易新疏卷二

安倍惟親
木邨正順 同校

周易新疏卷三

因幡　河田孝成　著

下經

胡庭芳曰。上經以天道爲主。具人道於其中。下經以人道爲主。具天道於其中。三才之間。坎離最爲切用。日月不運。寒暑不成矣。民非水火。不生活矣。故上下經皆以坎離爲終焉。

孝成謂。二篇大旨如此。別錄論之詳矣。

艮下兌上

咸亨利貞。取女吉。

否之三上相易有天地感而其氣升降之象
故爲咸咸感也感則通又山澤通氣互有巽
乾爲山木得潤又含天光而茂盛之象皆亨
道也三上易居各得其正二五亦中正外說
而內止非感溺於邪者所以利貞也又少男
下於少女男子親迎男先於女且自否來有
厚別意故取女吉也又有夫
婦合體无別之象說在序卦

初六咸其拇

咸之革艮爲離萬物莫不相感唯身爲切故
六畫皆以身體取象以四爲心爲感之主初
在最下應四將動且艮爲指故爲咸拇拇足
大指也初志雖在四所感猶淺未足以動其
身故不言吉凶悔吝吉凶悔吝生乎動者也
如大王始翦商亦可以譬焉是革初之所以

有鞏革之戒也

六二咸其腓凶居吉

咸之大過艮爲巽在下之中而與五應故爲咸腓腓足肚也行則先動而上於拇且陰柔不能自止亦足以動其身所以凶也變象下感於初不求於上故爲居則吉謂閒居不用才於世也居因腓及巽股

九三咸其股執其隨往吝

咸之萃艮爲坤股隨足而動者也居下之上而接上卦如股附身又互巽股故爲咸股初二皆感不能自守柔質故爾三爲艮主宜固執以止之乃感兌上隨於初二而動如股之

隨足而不處矣。是其所執志。在隨流俗卑下。乃坤衆象。雖无凶咎。爲人上者以之往則吝。與萃三小吝相發矣。

九四貞吉悔亡。憧憧往來朋從爾思。

咸之蹇。兌爲坎。中於互乾。而在脢下。以爲心位。而偏與初應。感道不公。且皆不正。故有悔。變象正而无偏應。互離中虛。神之所宅。上天之載。无聲无臭。四時行焉。百物生焉。聖人感人心。而天下和平。亦何思何慮。唯其身正。不令而行。无所不感通。故曰貞吉悔亡。感之至也。憧憧意不定貌。往來謂變而往又歸來也。貞者。事之幹也。不貞固。則朋類亦各從其所思。而不純一。不能成功矣。朋。指三五。之則三五連矣。歸來則三從上。五從二。程頤曰。不言咸其心。感乃心也。

九五咸其脢无悔

咸之小過。兌爲震。脢。脊肉也。四爲咸主。而五居四上。故不取象於尊。反類而獨言背。蓋歸重於四也。五應於二。而比於上。二互巽主。上則兌主。五之感二。譬如背之感風氣病發聲音。故爲感脢。雖非吉道。爲感也淺。且變无偏應。能成長象。故无悔矣。按子夏傳曰。在脊曰脢。說文曰。脢。脊肉也。馬融鄭玄王肅皆同。程朱因之。王弼云。脢者。心之上。口之下。弼恠言義而略物耳。字書以爲膺膈之間。陸佃曰。脢卽喉中之梅核。今謂之三思臺者。是也。馮椅曰。咸其脢。感而欲言之象。脢。喉之出納所也。自心而脢。自脢而口。其序也。心有所感。然後動於脢。乃形於口。言之是非。係乎所感之邪正。邪正係四。而是非係上。五居其間。故无悔尤也。其言雖辯也。脢之爲喉脢。未如所據

上六咸其輔頰舌。

咸之遯。兌爲乾。兌爲口舌。爲說物。故爲咸輔頰舌。輔上頷也。輔頰舌所以言語也。言語論辯之說人也。不如示之行事。然居事外者。有所不得已矣。變有肥遯。隱居放言。聖人取焉。如古昔致仕爲師於庠序。後世敎授於鄉里者皆咸舌之象。如釋氏方便說法。蓋亦類焉耳。但其所口。有邪有正。故不言吉凶悔吝。義與初同

䷟ 巽下震上

恒亨无咎利貞利有攸往

升降泰之初四而剛上柔下震雷巽風其勢相助順於内而動於外六畫相應皆恒久義也卦名象是已辭則取別義長男動而在外長女順而主内室家之恒乃咸之反凡人无貴賤知愚之分能有恒者其道必亨而无咎然不正則无所利故戒以利貞又巽入震出入則又出故利有攸往也

初六浚恒貞凶无攸利

恒之大壯巽爲乾與四應而有恒求之象下求於上柔賴於剛女從於男恒道也但四居外爲動主其勢不内顧矣而初柔闇不度時勢願望不已又巽入隱伏恒求之情深伏於

内。故爲浚其恒。夫在咸患无主静之操。在恒患无變通之學。恒初不知變通。如是而貞固則凶。百事豈有所利哉。浚深之也

九二悔亡

恒之小過。巽爲艮。不正應尊。而體近利。亦有恒求象。故有悔。變正止於中。不復援上。故其悔亡之卦所謂不及君而遇臣无咎者也

九三不恒其德或承之羞貞吝

恒之解。巽爲坎。巽究而躁。志馳於事外高遠。有不恒其德之象。變亦有負乘之醜。皆躁妄之所致。故至或承之羞。如此而貞則吝。或亦巽象。程頤曰。貞吝。固守不恒以爲恒。豈不可

羞吝

乎

九四田无禽

恒之升。震爲坤。震爲威殺。爲車發雷聲。坤爲文。爲衆。爲順。爲藏。藏威武於文柔。車有雷聲。衆順恒之。田獵是矣。四爲之長。而位不正。應雖有弜禽。而震性進。弜隱不見。不能相遇。故曰田无禽。以譬失民心也。久於非位。求而无獲。徒招曠官之誚耳。變正爲岐山之亨。非常之動。不可訓於恒時。故言不及焉

六五恒其德貞婦人吉夫子凶

恒之大過。震爲兑。得輔於二。以中應中。以柔從剛。中心相聽。不復他求。故曰恒其德貞。乃

婦人之宜也。與豫五恒不死意相近矣。變象失二。反求於位外之上。上爲兌口。有從婦言之象。遇大過時。雖醜无咎。恒而如是。非當路制義者之道。故曰夫子凶。夫子者。大夫之稱。謂變剛也。老婦士夫。非人君象。故此特言夫子也。按緇衣引此爻。貞作偵。疏云。問正爲偵。亦通

上六振恒凶

恒之鼎。震爲離。振。如振衣之振。動之速也。恒窮則无恒。在上者振動。且震爲萑葦。上居其末。應巽風之三。故以振爲恒。變象吉矣。然振恒者。雖變不能恒久。故斷以爲凶也

䷠ 艮下乾上

遯亨小利貞

柔進於下。剛將退去。且兼畫似巽。巽爲稱而隱。故爲遯。又二至四亦巽。五居其上。當位而應於二。二能奉五。主令於下。但卦有一變至於否之勢。能稱其時。讓事於來者而遯。故亨也。小謂柔。柔雖進而未過中。能止於下。浸而長不迫上卦。爲進於下者。亦能守貞以保其利之象也

初六遯尾厲勿用有攸往

遯之同人。艮爲離。遯以剛避柔出外爲義。而其善者在上乾。譬之天遠於山焉。四在乾後初以微弱。應四而遯。猶尾之附後。故爲遯之尾。不能自逃。而從人後。所以危也。變象與二

比。在同人則无咎。在遯時必離於災。黨錮僞學之徒可見。故戒以勿用有攸往。但止於卑下。柔闇靜處。

雖危免矣耳

六二執之用黃牛之革莫之勝說

遯之始。艮爲巽。孔穎達曰。處中居內。非遯之人也。便爲所遯之主。物皆弃己而遯。何以執固留之。惟有中和厚順之道。可以固而安之也。能用此道。則无能勝已解脫而去也。黃中之色。以譬中和。牛性順從。皮體堅厚。牛革以譬厚順也。孝成謂柔无遯義。初微也。四之尾耳。非自遯者。猶有不可往之戒焉。二既得中。其責重矣。且五之所委任。宜中正和順。以勉賢者之遁思。詩曰。縶之維之。以永今朝。遯二有焉。彖所謂小利貞者也。變巽不果。不能固

志。故殷勤戒之矣

九三係遯有疾厲畜臣妾吉

遯之否。艮爲坤剛遯之時。在內而未能出。下比陰柔。且爲艮主。綣戀不忍去。然剛陽過中。將與上乾行。故爲係而遯。遯志係心。交戰而憊。故曰有疾變象包羞。百事其否。故厲。乃遯志則不可遂矣。惟能自守。可以止柔小於內。故爲畜臣妾則吉。畜如師象畜衆之畜。艮爲閽寺。初二皆在艮門內。臣妾象

九四好遯君子吉小人否

遯之漸。乾爲巽。內應於初。不能无係戀。然既出外。剛健之性。能自斷決。逸而不顧。行而從

風。飄乎絶初。故爲好而遯。乃貴顯高致。故君子吉也。小人否。因變柔而垂戒也。四爲至陰亦爲多懼。柔而居之。猶小臣之近君所。高致非其宜。惟是巽順。奔走使令。務就卑正。如鴻漸得桷而免耳。否。不也

九五嘉遯貞吉

遯之旅。乾爲離。旅五象寄公。乃人君之遯也。故曰嘉遯。嘉如於焉嘉客之嘉。五當位而應二。遯而之旅。與二相阻。艮止而離上。有重臣不共。君出會不歸之象。然離見文明。嘉會合禮。互兌有辭。乃可成矣。但專文辭。則損君威。宜正其志而不失剛德。苟能剛正。則二雖陰柔。主於互巽。可使布令於下。故戒以貞吉也

上九肥遯无不利

遯之咸。乾爲兌。上最在外。无應於內。心无所係。超然高往。何不利之有哉。變咸輔頰舌。亦利於其口也。肥亦因兌口。其義則如義勝肥之肥。言无係於心。而无有疾憊也。焦氏筆乘曰。肥字。古作⿱非巴。與古蜚字似。後世因譌爲肥。張平子思玄賦云。飛遁以保名。曹子建七啓云。飛遁離俗。皆可證也。孝成按卦无飛象。今僧侶卓立塵表。口說是務。飽食類似焉

䷡ 乾下震上

大壯利貞

大壯。大者壯也。大壯而不貞。必至驕溢。故戒以利貞。羣剛連合。三分有二。不敢履尊位。周

德是肖。所以貞也。左傳曰。魯君世從其失。季氏世修其勤。在易卦。雷乘乾曰大壯。天之道也。語剛壯之不可以制也。然二五相應。且乾有敬象。居尊位者。亦能委任於二。不失敬大臣之禮。則上下皆履禮。可以利貞也。孔子對於魯定曰。君使臣以禮。臣事君以忠。孟軻亦曰。爲政不難。不得罪於巨室。皆此意。夫大壯天也。而人君速敗亡也。莫不由无禮於其臣者。特言利貞。而不及其餘。誠意深矣

初九壯于趾征凶有孚

大壯之恒。乾爲巽。在下而壯。故曰壯于趾。以羣剛成列。張乾戰勢。而進於外卦。言征。而最下无應。乃不稱時。遽用壯。所以凶也。然羣剛一心。雖凶所信於人。故曰有孚。唯其孚窮而

不行耳。蓋恒之浚恒固其恒也。壯之壯趾。恃其壯也。往來皆最下。无學知之所致也。夬決位外之柔。與其進也。故曰壯于前趾。大壯則柔在尊。四剛皆不與其進也。故不言前。是故進則凶矣。東涯曰。自古首倡義舉。而取覆敗者。如漢之翟義。唐之李敬業者。往往而有。聖人扶植善類而欲成之其慮也深矣

九二貞吉

大壯之豊。乾爲離。剛壯之時。中於臣位。而應於五。強臣佐君象。故不貞則不得吉。變正有爭發若。故曰貞吉

九三小人用壯君子用罔貞厲羝羊觸藩羸其

角。

大壯之歸妹。乾爲兌。重剛過中。壯之甚者。變兌爲說。變互離明。是小人見昭昭之可通用壯也。在本卦則无明象。是君子用罔也。如此而貞則危。然未至凶咎矣。羝羊以下復申戒於小人。蓋歸妹之嫁。猶可言焉。在壯時。羞辱甚矣。羝羊。壯羊。喜觸之物。兌爲羊。離爲藩籬。變兌上麗乎互離。故曰羝羊觸藩羸其角。羸。勞困也。因變互坎

九四貞吉悔亡。藩決不羸。壯于大輿之輹

大壯之泰。震爲坤。重剛過壯。不中不正。而追君位。故有悔。變正翩翩以鄰。所以貞吉悔亡也。藩決不羸。承上爻而言。三之變互有離坎。九四則无。雖有兌羊。藩籬開決而无所羸。不

勞力而功成矣。又坤爲大輿。而在外有通行象。故曰壯于大輿之輹。言能載五也。輹在輿下。四

象

六五喪羊于易。无悔

大壯之夬。震爲兌。剛壯之時。柔尊當之。殆不勝矣。然委任於二。而自居易。則不失震長德。羣剛亦无所用其壯。齊桓公每事問於管仲。人曰。爲君易。桓公曰。未得管仲也難。既得管仲也易。易字義類此。卽夬五所謂中行无咎者也。喪羊。謂喪震兌也。五无觸象。故不言羝也。或曰。易。古埸字。漢書疆埸作彊易。喪羊于彊埸。追則入他邦。故舍而不追。謂不求變兌也。夫變剛自用。必致擾亂。坐而任二。則位不當。雖有所喪。亦不至悔。於義則通。未審埸象

上六羝羊觸藩不能退不能遂无攸利艱則吉

大壯之大有。震爲離。壯盡動窮。不能進退。如羝羊觸藩。何能有所利哉。物不可以終窮盡。且變有天祐。故曰艱則吉。羝羊。因複畫兌象。藩。因變離。然无坎象。故不言羸角。惟言羊觸以形容其窮耳。孔穎達曰。退。謂退避。遂。謂進往。有應於三。故不能退避。懼於剛長。故不能遂往。持疑猶豫。不能自決。以此處事。未見其利。故曰无攸利也

坤下
離上

晉康侯用錫馬蕃庶晝日三接

晉。進也。日出地上。故雜卦以爲晝。又有羣下順承。而附離於明主之象。又明夷之二。進而

居五。爲文明之人。新踐尊位。南面而聽天下
之義。然非創業。象明王繼世之事。故言諸侯
朝享康侯者。蓋殷世諸侯有譽名者。取以爲
象。亦箕子明夷之反也。周禮校人。大祭祀朝
覲會同。毛馬而頒之。互坎於馬爲美脊。爲亟
心。爲下首。爲薄蹄。爲曳。故曰錫馬蕃庶。大行
人待賓之禮。公侯伯子男。皆三享。故言三接。
殷禮蓋亦如是矣。不曰享而曰接者。因離見。
晝日即晉。言顯也。卦名主上離。而辭則主下
坤六三。六三有諸侯朝享之象。明世美觀。莫
大焉。故特
言之耳

初六晉如摧如。貞吉。罔孚。裕无咎

晉之噬嗑。坤爲震。諸畫皆有朝王之象。四橫
卦中。互主艮山坎險。阻下之進。而初以柔微

應之。亦不中正。故晉如而摧如也。變象无應。獨行其正。乃貞吉也。然无應而動於下者。人不信。故曰罔孚。但寬裕自處无咎耳。亦因震動而戒之。然與噬嗑時義不同矣。王安石曰。常人不見孚。則或急於進。以求有爲。或急於退。則懟上之不知。孔子曰。我待賈者也。此罔孚而裕於進也。孟子久於齊。此罔孚而裕於退也。

六二晉如愁如貞吉受茲介福于其王母

晉之未濟。坤爲坎。坎險加憂。故欲進而愁也。變所謂曳輪者也。不變則坤順中正。互艮自止。故貞吉也。受茲介福于其王母。言雖无應援之可以進。必有陰騭之福也。介。大也。王母。祖母。謂五也。爲卦唯二與剛隔絕有女子象。乃三母。五祖母。與小過祖妣同意。但彼四爲

祖。此則不言。強名言之。則可以四爲父。上爲祖耳。王莽傳引此語。師古曰。王母。君母。非正義也

六三衆允悔亡

晉之旅。坤爲艮。過中不正。居下之上。而互有險。故有悔。變艮位當。能止初二。篤實輝光。麗乎大明。且互險爲兌。康侯鎭撫羣下。而受王享。衆允其德之象。所以悔亡也。義與大有三相似。但彼以乾言公享。此則以坤言衆允。此其異耳

九四晉如鼫鼠貞厲

晉之剝。離爲艮。鼫鼠。詩作碩鼠。蓋田鼠也。剛在坤上。互有艮坎。艮爲鼠。坎爲兌。爲隱伏。象

大鼠在田隱伏土穴。故言鼫鼠。且晉晝也。鼠晝伏矣。以譬大姦之人。進于非位。而害羣下。多懼乎晉明之朝。猶鼫鼠之貪而晝畏人。憂象雖正。亦有剝膚之危。故貞厲。夫唐虞之朝。猶且有鯀驩兜。戒鼫鼠於晉時。慮憂深矣

六五悔亡失得勿恤往吉无不利

晉之否。離爲乾。柔尊无輔。鼫鼠在側。故有悔。然離明自改。能健其德行。則休否之吉可致。所以悔亡也。失得勿恤。謂互坎之憂可除也。中正不自用。而專委任。故往吉无不利也。蓋人君以不得人爲憂。事之失得。非所憂焉。孟子曰。堯以不得舜爲己憂。舜以不得禹皐陶爲己憂。若叢脞以失得爲心。則臣下慮其過失。不能致身於其職。事之所以隳也。故戒之

如此

上九晉其角維用伐邑厲吉无咎貞吝

晉之豫。離爲震。剛進於離目上。離爲牛。故曰晉其角。角以傷物。故言征伐。但晉角知進而不知退。故厲。然用之內治。可以得吉无咎矣。變亦有行師象。在上爲冥豫。故貞則吝也。純離上言王征。此特言伐邑者。下坤柔虛。非征伐四國之象也

䷣ 離下 坤上

明夷利艱貞

夷傷也。明入地中。明傷而暗。故爲明夷。乃晉之反也。艱貞謂二。二爲明主。中正而傷。苦於

互坎下。故艱貞也。孔穎達曰。闇主在上。明臣在下。不敢顯其明智。時雖至闇。不可隨世傾邪。宜艱難堅固守其貞正之德。故明夷之世。利在艱貞

初九明夷于飛垂其翼君子于行三日不食有攸往主人有言

明夷之謙。離爲艮。明傷之時。初最遠難。剛陽之才。見幾而作。猶鳥之色斯擧。故曰于飛。取象於離雉也。然不顯翔。故爲垂翼。因離變爲艮。雉隱於山之象。而其意則與謙初用涉大川相發。君子亦因離明。初雖有應。而去就之義明決。棄其應而行。有如絕糧接淅之事。故曰三日不食。亦取象於日在地下非食時也。傷端未形而行。人必異之。孔子去魯。不知者

以爲爲肉故爲有所往則主人有言有言因艮成言程頤曰俟衆人盡識則傷已及此楊雄所以不得其志也

六二明夷夷于左股用拯馬壯吉

明夷之泰離爲乾中正主於明與初垂翼不同且互坎有麗乎難之象故曰夷于左股右強左弱陽位爲右豐三右肱可見故此二四皆言左師左次亦四象股者麗身之處亦離象傷在左股爲患淺矣譬如文王囚无損於其聖功變乾爲良馬可以拯股傷故曰馬壯吉以譬輔佐勢壯詩云濟濟多士文王以寧紂醢脯九侯鄂侯而不能逞於文王蓋亦有憚其濟濟耳觀於及其戡黎紂曰我生命在天則紂之不能奈文王何而諉天者可見矣

九三明夷于南狩得其大首不可疾貞

明夷之復。離爲震。三爲諸侯。明既窮而陷於互坎。有顯貴之人被傷之象。故明夷也。離南震狩。故曰南狩。大首謂初剛。變則初爲卦主。是得大首也。蓋明夷之三。改行南狩。絶應於暗小之上。得剛陽之首於下。以奉之。則一變成師。時難乃可除矣。叛紂歸武王之諸侯。可以當之。但初而未至師象。猶五年須暇之時。故往歸者不可疾貞。亦有復三頻復意焉

六四入于左腹獲明夷之心于出門庭

明夷之豐。坤爲震。坤爲腹。變互巽入。故曰入于左腹。左非顯所。五爲夷主。四以陰柔切近之。能入左腹。獲其心臆。順正之質。不敢直言力爭。又與初應。與三比。以賴其賢剛。故雖多

懼得免矣。泰誓所謂周親者是類也。不如豐四之吉者，夷時不能掩下也。于出門庭因變互有巽兌。兌以言於上，巽以令於下。亦獲夷主心之事。門庭，朝庭也。節二不出門庭，以在互艮下也。此則因變震，乃艮之反。故曰出。東方明矣。足以踐位。闢門出言，朝庭之象

六五，箕子之明夷，利貞。

明夷之既濟。坤爲坎。爲卦，離明爲坤暗所傷。然四位正，且與初三比應，非傷明者。浮沈順時而免者也。五中於闇，爲夷之主。不正而无應比之佐，譬之殷紂居尊，自作淫威，剝喪元良。賊虐諫輔，親如箕子，猶且不免。故曰箕子之明夷。殷有三仁，獨稱箕子者，佯狂晦明，靖獻之忠，最難處也。舉其最則餘在其中。亦因下卦離明。下卦三畫皆正，故曰利貞。不言艱

者。泛以在下者言也。變則坎險。爲東鄰不如西鄰之象。盛衰之幾見矣。五之爲夷主。豐卦可證焉。前儒以五爲箕子誤。五豈明象哉。五而言二。與因五劓刖同例

上六。不明晦。初登于天。後入于地。

明夷之賁。坤爲艮。下有賢輔之丈。變艮有高光之智。欲明則明可能矣。但昏迷之窮。罔有悛心。故不明而晦。乃至入地。初。如初鄭武娶申之初。本其事之辭。謂在五時也。登天。踐帝位也。入地。混於坤衆也。言五踐帝位以照四國。謂己有天命。淫威自逞。殘害明臣。至上猶不改。遂墜其命。與坤衆共敗亡也。以殷周之事論。則五雖暴矣尊。如服事觀政之時。上則位外一暗夫。非有君象。所謂獨夫者也。乃知初登于天爲五也。而於上言之者。悲五之失

則至此。其旨厚矣

離下巽上

家人利女貞

二五皆中正。有女正乎內。男正乎外之象。故爲家人。又內明而外齊。家道成也。而內爲主。彖因卦主。故特言女貞。雜卦曰。家人內也。天下以國爲內。國以家爲內。家以女爲內。內正則外无不正矣。書以刑于二女。觀舜德之脩。詩以窈窕淑女。成風化之首。皆利女貞之義也。亡國敗家。多出於女之不正。家人女貞。其戒深矣

初九閑有家悔亡

家人之漸、離爲艮。有家之道。積善積惡。其所由來必有漸矣。初剛本正。而有正應。可以漸積善。變象小子厲。不能无悔也。敎婦初來。敎子嬰孩。閑之於未變其正。而有其家。則其悔可以亡也

六二无攸遂在中饋貞吉

家人之小畜、離爲乾。陰柔不能有所遂。女子之性也。居內在中。得位而奉於五。家人之主也。饋。進食於人也。因坎水離火應巽木。有烹飪象。且互坎變爲兌。有勞以飲食之象。在家中主饋。所謂无非无儀。唯酒食是議。无父母詒罹者。所以貞吉也。與小畜二牽復不自失者相發矣

九三家人嗃嗃悔厲吉婦子嘻嘻終吝

家人之益。離爲震。風火相熾。震威發動。剛陽過中。故嗃嗃也。家與其黷。寧嚴。雖有賊恩之失。然能悔其過。而厲則吉。孟子所謂操心也危。慮患也深。故達者也。與益之用凶事意相發矣。婦子嘻嘻。偏以之卦言。長男降於長女。互有坤母艮少。爲少長聚乎母堂嘻嘻无節之象。家失於情。益之以不正過中。故戒其終吝。嗃。與熇通。火熾象。悔厲皆因互坎

六四富家大吉

家人之同人。巽爲乾。巽爲利倍。四爲之主。故曰富家。富者人之所同欲。放於利而行多怨。故戒以大則吉。四巽順而正。互離明乎上下情。布令於下。與人同利。其志在大。變象所謂

反則者也。如曰百姓足君孰與不足。好貨與
百姓同之。皆此意。若其志小。專爲己乎。匹夫
之富。非有位人之事矣。易辭曰大吉者五。此
爻及萃升鼎小過。皆有孟子所謂請大之之
意
爲

九五王假有家勿恤吉

家人之賁。巽爲艮。尊中正而內有離明中正
之助。猶文王以大姒爲妃。故曰王假有家。假
音賈。又作佫音格。同訓至。有感格意。言王者
得內助。假有其家。六親交愛則家道正。家正
而天下定。亦因巽風感化自內之象。爲其嫌
於不言天下而言家之非公道。故曰勿恤吉
變象所謂吝
終吉者也

上九有孚威如終吉

家人之旣濟。與爲坎。初至五皆正。在家人各有所宜。故以不變得吉。唯上不正而居卦窮。家道將睽。故不言家事。但反求諸身。變正其行。則雖處事外。亦爲家人所瞻仰。足以爲儀表。變坎中實。故有孚。又坎有法象。且六畫齊正。故爲威如則終吉。蓋致仕者之事也。夫不孚則相欺。不威則瀆慢生。所以戒也

䷥ 兌下離上

睽小事吉

火澤相乖。中少二女。雖同居各有歸。故爲睽。名義止是矣。辭則異義。內說而麗乎賢明。又

家人之二。反顛爲五。以主一卦。得輔於
下。但睽時柔小爲主。故不可大事也

初九悔亡喪馬勿逐自復見惡人无咎

睽之未濟。兌爲坎。當睽之始。无應獨立。不能
无悔。唯能自守。不求於上。則其悔可以亡矣。
變象與四應。坎麗乎離。有繫馬象。然亦火水
相乖。乃喪其繫馬。不得與四合。而復於本卦。
故曰自復勿逐。戒強求之辭。言不可強求於
上。喪馬亦非人牽去。我之不遇。而反自喪之
耳。但睽時在下剛正。與上乖異。速禍之道也。
故又戒以見惡人則无咎。惡人謂四。四不正
而主於互坎。間於兩離。險臣之顯於上下者
也。且離見坎盜。故曰見惡人。言雖自復守正。
亦不以四之不正而絶之。時隨變柔。接見於
四。則在之卦。雖有濡尾之吝。在睽可以辟咎。

如孔子欲往於佛肸輩。意亦在其中矣

九二遇主于巷无咎

睽之噬嗑。兌爲震。互離爲墻。變互艮門。二之應五。象出墉墻門闕。故爲遇主于街巷。與坎四納約自牖意相似矣。非所由之正。當睽之時。二五皆失其位。不期而遇耳。惟二剛中和說。能輔相五。而不失處睽之道。所以无咎也。不曰君而曰主者。睽五宗人爲合睽主。君臣之分未定也。與蹇二王臣。其辭不同矣

六三見輿曳其牛掣其人天且劓无初有終

睽之大有。兌爲乾。說而進於非位。麗乎兩剛間。乘承應皆不正。故有被侵陵象。胡炳文曰。

見離目象三上提起見字意見之見非眞見也火澤之睽生於動三上之睽生於見是矣互坎爲輿多眚爲曳互離牛三上雖應睽時難合乃上將輿三曳以行故曰輿曳二掣其牛於後而尼之四以險傷其人於面以阻之故爲牛被掣天且劓然二自遇主四亦遇元夫何嘗傷我哉但吾位不當且三至四兩離過察生疑其見如此耳亦唯以其應故終得與上遇所以爲无初有終也變象公亨于天子合睽莫盛焉然小人弗克也剠額曰天截鼻曰劓劓本作劓見字書

九四睽孤遇元夫交孚厲无咎

睽之損離爲艮二五三上各自相應唯初四不應而四陷於二柔孤獨不正三五志在二

上近而不相得。故睽孤也。變正得輔於初。初亦説心應之。故交孚也。但時睽。故雖非危地。以危處之。乃得无咎矣。元夫謂初六。畫唯初剛正。故稱以元夫。元者善之長也。初以四為惡人。以不正也。交孚者。與變正之絜也。是初之所以不絶惡人而見之也

六五悔亡。厥宗噬膚。往何咎。

睽之履。離為乾。睽時位不當。不能安於尊。悔也。下有遇巷之輔。其悔可以亡矣。宗。如同人于宗之宗。因變乾尊膚。即下兌象。厥宗噬膚。言雖亂離甚。君失其位。然宗人當位而臨下。則睽之易合。如噬膚也。楚以義帝興。諸田崛起于齊。光武復漢類。是矣。如是則往亦何咎。之有哉。履五貞厲。以其位本正當。反危。下无違。睽五則悔而得正當。故曰何咎。戒危於安

勸安於危胡炳文曰噬嗑二曰噬膚睽五以
二爲噬膚睽二變卽噬嗑也或曰二至上有
噬嗑
象
上九睽孤見豕負塗載鬼一車先張之弧後說
之弧匪寇婚媾往遇雨則吉
睽之歸妹離爲震有三之應其實不孤然睽
窮難合明過多疑變象士女不婚故曰睽孤
程頤曰多自疑猜妄生乖違雖處骨肉親黨
之閒而常孤獨者是矣又三接乎兩剛閒而
皆不正嫌於相涂互坎爲豕牝牡交於兌澤
則背潰於塗泥上之惡見三猶見豕負塗又
猶見鬼與鬼同車而來見鬼如齊襄見大豕從
者見彭生晉侯改葬共大子狐突遇大子之

類見不可見言疑怪之甚也張弧欲射之也
說弧疑稍釋也若上不以三爲寇則婚媾成
矣往而遇雨則洗其汚穢羣疑盡解所以吉
也車弧因坎弓輪寇亦坎象又坎爲雲雨而
電雷相熾故曰往遇雨孔穎達曰載鬼不言
見者爲豕上有見字也胡炳文曰凡易之道
卦吉者必於諸爻戒之卦不吉者必於諸爻
反之睽初四二五三上皆先睽後合而三上
之睽尤甚故其辭亦險怪之甚
中心疑者其辭枝此之謂乎

䷦ 艮下坎上

蹇利西南不利東北利見大人貞吉

蹇難也坎在前足難不能進之象然亦有互
離見險而能止故蹇有知者象矣利西南以

對卦言之五自解之二往而居坤體坤爲西南一剛爲主乎其中雖險然正而尊是往而知爲君之難所以利也不利東北以艮言之艮爲東北而三爲之主過中迫外險亦陷於互險是其道窮所以不利也大人謂三五也卦中唯三五兩剛互離相見三雖窮乎得五可以濟蹇五亦不自用能任於三而得成功故曰利見大人又必守正可以吉自二以上皆正所以

貞吉也

初六往蹇來譽

蹇之既濟艮爲離變象離明應險曳輪濡尾故爲往則蹇早知其險而來歸則无應而止微下能保其身後必有令聞故爲來則有譽亦知者之事也

六二王臣蹇蹇匪躬之故

蹇之井。艮爲巽與五中正相應。故曰王臣。王臣猶稱王之藎臣。嘉之也。五陷於險。二將濟之。二至四亦坎。是卦有二險。故曰蹇蹇。蹇蹇猶坎坎也。夫二雖有中正艮靜之知。然陰柔弱質。不能終業。如變象蹇漱。但忠志之不可以已。以至捐其軀。故爲不爲躬之故。深悲其志也。諸葛武侯曰。鞠躬盡力。死而後已。成敗利鈍。非臣之明所能逆知。此爻意也。二不言往來者。當蹇之時。純臣之義。不可以避。可一心力。死而后已也。胡炳文曰。凡二皆王臣。而蹇獨稱之者。平時未足以見臣節。蹇之時方見之也

九三往蹇來反

蹇之比。艮爲坤。既接險矣。變象不知止。妄進非位。欲比以濟難。不知力不足。故往則蹇也。復歸則止正位。能安邦內。故爲來則反。反知反身之反。謂棄外求之心。而反求諸內政也。三至五離。見險而能止。反之義也。擧正反作正。无意義

六四往蹇來連

蹇之咸。坎爲兌。連謂連於三五。既在險體。動往兌說。則蹇必矣。來則麗乎三五。三五剛正。連合爲明。三能知止而不敢犯。五則知爲君之難而易事。乃近臣雖弱貧。亦可以濟蹇。與咸四貞吉悔亡。事情雖異。意相似矣

九五大蹇朋來

蹇之謙。坎爲坤尊陷險中。因剛故爲大則蹇。雖二以中正應於下。其力不足以濟。猶子家之於魯昭。若五能改其健行。而柔順自處。則朋類來集。乃能有終焉。坎本坤再索而成。故爲坤則朋來也。大抵意與屯五相似矣。朋來者。謙五所謂不富以其鄰者也。五蹇之主。固无所避其難。變而往亦非大去。謙謙以待其朋來耳。故不言往也

上六往蹇來碩吉利見大人

蹇之漸。坎爲巽。險而居最外。有裔夷象。變則不正。无輔於內。與三五抗。譬如蠻夷猾夏。譬如直情徑行。別有一種之道。不變於夏。故爲往則蹇。在本卦則得助於艮光之三。坎習於己。故爲來則碩。碩謂才德充實於中而未施於外。取象於坎中實也。此謂夷而學夏者。故

象曰志在內也嫌其與國俗異故特稱吉也大人謂三五也三爲諸侯五則王位三五離見故曰利見大人此謂通朝聘於諸夏王公故象曰以從貴也

䷧　坎下震上

解利西南无所往其來復吉有攸往夙吉

動而出於險外難解之象是卦名謂既解也辭則爲解難之義故取象異矣解本解牛之解故有不失其機會之意西南坤方坤爲衆四自蹇三往而長之能得其衆故曰利西南又二自蹇五來復於地中至靜而其中有物兵法所謂善守者藏乎九地之下意故爲无所往則來復得吉若有所往則宜夙乃不失其機亦取象於震出兵法所謂迅雷不遑掩

耳者也。褚氏曰。世有无事求功。故誡以无難宜靜。亦有待敗乃救。故誡以有難須速也

初六无咎

解之歸妹。坎爲兌。解難之始。柔微不能有爲雖有應。坎下之性。无進取力。如之卦所謂跛之履。但以承有功之二故无咎耳

九二田獲三狐得黄矢貞吉

解之豫。坎爲坤。解難之時。獄訟爲最重。如虞芮質厥成。及小大之獄必以情。漢高約法三章。可見矣。坎爲險。爲聽。爲通。爲隱伏。二處險中。能通險情。爲五所任。聽折獄訟。能獲隱伏。如田獵而獲狐。田者除害之事。狐者隱伏多疑之獸。九家易以爲坎象。初至五重坎三象。

故曰三狐。言多也。折獄之道。以得中直爲貴。故爲得黄矢而貞則吉也。黄中矢直。說在噬嗑卦註矣。貞者。變象上交不諂。下交不瀆之謂。詩所謂柔亦不茹。剛亦不吐者也

六三負且乘致寇至貞吝

解之恒。坎爲巽。柔居陽。交於二四離。有小人進於非位。妄用其明之象。且負四乘二。負戴賤者之爲。乘輿貴者之宜。負且乘事非其分。猶殷紂之時。四方逋逃爲大夫卿士。寇盜見其非分。而欲奪之。所以致寇至也。寇坎象。三間於重坎。寇自方來。凶莫甚焉。變象雖正。亦巽躁近利。不能恒其德。故爲貞則吝。惟時解。苟免負乘之醜。則雖吝不至凶咎矣

九四解而拇朋至斯孚

解之師。震爲坤。而汝也。拇謂初。震爲足。初應於下。拇象。卦唯二四有剛德。而二得中。四大當尊位。雖動而出險。亦猶在互險中。繫累乎初。不能大有爲。故命告之。如此解拇。謂變而絶初。夫浸淫於小人女子者。剛反敗事。故孔子曰。根也慾。焉得剛。變而朋類會至。則羣柔相信。爲退而全師之象。免耳

六五。君子維有解。吉。有孚于小人。

解之困。震爲兌。震長兌說。有豈弟君子民之父母之象。民之所好好之。民之所惡惡之。解難之宜。故曰君子維有解。變象雖困。吉也。詩曰。弗躬弗親。庶民弗信。尊而主解。二應輔之。四比承之。初三上皆信共號令。困五所謂利用祭祀者也。故曰有孚于小人。

上六公用射隼于高墉之上獲之无不利

解之未濟。震爲離。卦唯上正而居位外。有牧伯征伐以解難之象。故曰公用射隼。隼謂三也。三進非位。爲負乘之醜。悖亂之徒也。隼性貪殘。且坎有飛鳥象。又坎水直下。如隼之鷙。故取爲象。又互離爲墉牆。而三下之上。故爲高墉上。以譬元惡之人據大城如張飛傳高墉進爵。亦言其顯所也。山禽集於人家墉牆。是非其居。有所貪而然。故射而獲之也射亦因互坎弓。獲之二字。有稱其功意。解難之終。未濟之窮。能可以濟。故无不利。蓋周先公若古公季歷之賢。方張之勢。必取凶殘。有譽於世。有似此象者矣

兌下
艮上

損有孚元吉无咎可貞利有攸往曷之用二簋可用享

升降泰之三上損下益上損内益外乃泰將適否之象故誠以損名焉然損益盈虚時之所有故辭則明損之得宜必有吉利矣雖損下乎上上下皆應是有孚也上求而止取下有極且五不自厚而供之位外乃祭祀賓客及臨時不得已之事下乃説服故爲元則吉而无咎但損下非固本之道故戒之以可貞貞如禹貢賦貞之貞謂不失正蓋不損初二而損三是損其過者有貞意矣往以二五應言之二至四震足所以利有攸往也而其往將曷之用唯二簋至薄可用享焉簋享皆因兌口胡炳文曰必用享爲訓者損之時享猶不

敢過則所以自奉者可知矣上下經剛柔三
十畫然後爲泰否爲損益咸男女之交變而
損則不交恒男女之不交變而益則交感者
夫婦之情情之感也極必損恒者夫婦之道
道之久也
極必益

初九已事遄往无咎酌損之

損之彖兌爲坎初以剛陽從事於下乃遇四
之應求故輟所爲之事而速走命以奉之則
變雖有險亦无咎矣凡易之情下爲者以安
靜爲得而以遄往爲免者損下益上之時也
酌如將酌於民之酌謂取言於下也與六四
使遄相發蓋在微下者雖宜遄往亦任在上
者之酌故曰酌損之以戒
兌說妄進矣酌因變坎水

九二利貞征凶弗損益之

損之頤兌爲震中於臣位所在於五以說奉之損下益上非吉道也故戒以利貞變正不應於五而長於下乃可以利貞也若不能改其行則有損下之失損下之甚莫甚於征戰焉況爲君爭利乎故又戒以征凶也弗損益之謂不損下而益下卽頤二顛頤者也當損之時弗損益之可

謂能固邦本者矣

六三三人行則損一人一人行則得其友

損之大畜兌爲乾變乾三剛並進則初二與四五應三獨无應不得不損是三人行則損一人也不變而與初二絶類三獨往則與上合是一人行則得其友也乃爲天地絪緼男

女構精之象。夫損之爲損易知。損之爲益難知。卦以三之損名。故損益相生之義。此爻明焉。天地之道陰陽而已。奇偶動靜表裏左右莫往不兩矣。三則餘其一。損一則兩。所以能成致一之功也。友不與朋同。朋同類。剛與剛比。柔與柔聚者朋也。友親也。剛柔相交。可否相助者友也。故朋皆以比畫言。而友不必比畫矣

六四。損其疾。使遄有喜。无咎。

損之睽。艮爲離。變象與初相失而睽孤。且陷於互坎。故稱疾焉。損疾。謂復本卦也。使遄。使初遄來與也。復於本卦則正而待輔於初。初亦已事速來相合。睽四所謂遇元夫者也。所以有喜而善補過也。張清子曰。初言遄往。四言使遄。蓋初之遄。實四有以使之也。孟子曰。

苟好善則輕千里而來告之以善。此爻有焉。

六五或益之十朋之龜弗克違元吉

損之中孚。艮爲巽。居尊而柔。艮虛受人。下說貞言。變正巽順。輒爲中孚。上剛同德就之。上下皆歸而益之。猶能自損。所謂允恭以持之克讓以接下者。堯德是似。十朋之龜。亦弗克違。所以元吉。或。因變巽。龜。因通體似離。損益相對。龜弗克違。與益五勿問相發矣。十朋之龜。元龜也。古者貨貝。寶龜。貝二枚爲一朋。元龜直十朋

上九弗損益之无咎貞吉利有攸往得臣无家

損之臨。艮爲坤。損窮而志反。在益下。故爲弗損下而益上。所以无咎也。變正敦臨而下說。

故爲貞則吉利往。且不與三應。故又曰得臣无家。言唯賢是用。无偏應也

䷩ 震下巽上

益利有攸往利涉大川

升降否之初四。損上益下。否將向泰。故名益。卦二五中正相應。君巽順而臣動。故利往。又因巽木曰利涉。向秀曰。明王之道。志在惠下。既上行惠下之道。利益萬物。動而无違。何往不利。故曰利有攸往。以益涉難。理絕險阻。故曰利涉大川。胡炳文曰。凡物以下爲本。損下謂之損。益下謂之益。而上之損益不與焉。厚其本也。他卦言利往者。不言利涉。益兼之。蓋益以興利也

初九利用爲大作元吉无咎

益之觀震爲坤否將通之始能爲長於下二至四羣柔相連皆歸於初大事可以作興焉大作非常之動且初在最下故不元則不得吉而又不免於咎矣在之卦爲君子吝者以仰觀也此則損上益下之時受大任感動於下故爻如是矣

六二或益之十朋之龜弗克違永貞吉王用享于帝吉

益之中孚震爲兌益之二卽損之五而同之中孚故其辭相似但損五尊而變剛正其善愈著故元吉也益二臣位而正變則不正宜守其正本卦變互皆有震動欲速之慮故戒

以永貞則吉。乃二五剛柔相靡之矣。可以保矣。又卦本上乾下坤。乾爲巽。坤爲震。又變之兌。天風布化。地承其施。動而應。萬物說。且震春兌秋。有春秋祭祀奉天道以設教之象。故言王享之吉。王指文王。說在比卦。帝上帝。說在豫象。蓋文王有享帝之事。詩云。維此文王。小心翼翼。昭事上帝。是矣。享帝亦受益於上之事。而文王未定天位。故於下卦之中言之。而永貞之美亦愈大。故再言吉矣

六三。益之用凶事。无咎。有孚中行。告公用圭。

益之家人。震爲離。震威離兵。威動之窮。戈兵從之。又互坤衆變爲險。爲益下之時。有事於邦內。以殺戮濟之之象。故曰益之用凶事。之卦謂之嗃嗃。家國之異耳。三本不正。變正。過

陽剛之所固有也。苟以正用之。何咎之有哉。但有孚而中行。則足以告公用圭矣。不然則淫威自逞。終於凶咎耳。三四皆居損上益下之間行事。故皆曰中行。又柔順有不敢自專意。故皆曰告公。公謂初也。初有牧伯象。用圭所以通信也

六四中行告公從利用爲依遷國

益之无妄。巽爲乾。志在益下。陰柔无力。但能巽承於五以布令。又能下求輔於初。得遂其志。乃中行也。告公從。謂告於初而見從也。依亦依初也。坤有國邑象。四降益初。坤初升遷。而爲互坤。故言遷國。而初有大作力。可以依焉。凡遷國定都。或依地勢。或依民心。或依強國之力。而其要有益下之志。然後其利可保矣。盤庚三篇其義可見也。若无益下之心。則

雖地利如秦不能守焉。如周遷依晉鄭，邢遷依齊，許遷依楚，皆弱依強。且有勢之不得已者，是乃勿論已。如漢高遷長安，而光武則遷洛；明祖都金陵，而世宗則都燕，皆依結恩義於民。至如宋之南渡，則徒畏敵而棄其民，无恩无義。聖人於益言遷國，萬世至戒矣。

九五有孚惠心，勿問元吉。有孚惠我德。

益之順，巽為艮，中正居尊，為益之主。以仁存心，使庶官益下，故曰有孚惠心。問謂卜筮以問諸鬼神也。有孚惠心，譬之保赤子，心苟求之，雖不中而不遠矣，所以不待問也。乃其志可大得，故為元則吉。下皆有孚，以君德為惠而懷之也。維此惠君，民人所瞻。然无威動象，與順五居貞吉不可涉大川相發矣。夫雖有惠心，不莊以涖之，則民不敬。故大有六五以威如爲吉。蓋仁君之臨國人。猶嚴父之臨家人。惠藏諸心。而主禮義。故中庸九經首脩身。所謂齊明盛服非禮不動者。與爲仁由己之訓符。自初至五有頤口象。故二言享。三四皆言告。五互艮主止而不動。故言勿問

上九莫益之或擊之立心勿恒凶

益之也。巽爲坎。益盡反損。巽究而躁。近利自貪。故莫益下也。放於利而行多怨。上下交征利。攻擊之或至。故曰或擊之。勿无通用。立心无恒。謂苟有惠心。今擊之。蓋以聚斂爲事者。雖得利於目前。然必有意外之災。所以凶也。與之卦泣血漣如相發矣。或因巽擊因變坎。

益。恒之交。益上卽恒三。故立心勿恒。亦恒三不恒其德意

乾下
兌上

夬揚于王庭。孚號有厲。告自邑。不利即戎。利有攸往

夬決也。羣剛將決去一柔。譬之決兌澤水。且內健外說。決而和。是易易者也。但兌秋爲肅殺。爲說物。上爲之主。而與五比。有陰柔之人。挾君作威福。君說用之象。故曰揚于王庭。揚如鷹揚之揚。先言其得意揚揚。以發決之不可不愼之端。孚號以下則決之之事。故取象異也。羣剛一心。故孚。又因兌口言號。去寵臣之事。號令雖孚。亦有危矣。且以誅姦臣動師。至于大亂者多。故戒以不可妄興事。宜先告訴諭之。兌上在位外。郊野象。故曰告自邑。又

申以不利卽戎。然剛決美事。故爲利有攸往也。李舜臣曰。孚號有厲。有之爲言不必然之辭也。五剛相信。而不忘於號令。知其危而戒之。斯有萬全之勢。无一跌之虞矣

初九。壯于前趾。往不勝爲咎

夬之大過。乾爲巽。胡炳文曰。夬五剛由四剛之壯而成。故初三猶存壯之名。而初象又與壯同。潘夢旂曰。彖居高位。而初欲決之。猶布衣論權臣。不量力之甚。往則不勝。其咎宜也。孝成謂。壯初壯于趾者。彖在尊。未能遽進也。至夬則有進決不可遏之勢。故曰前趾。前進也。但時未至而進。故不勝。是爲咎耳。若能巽順以待時。則之卦所謂白茅无咎。亦可庶幾矣。閱謂善類。

與壯初同

九二惕號。莫夜有戎。勿恤。

夬之革。乾爲離。居下之中。其任重矣。而位不當。惕而不安。變正應五。五爲決主。發令於上。二應於下。以相號呼。故曰惕號。聲柔小之罪者。必爲寵臣所忌。甚至莫夜有戎。兌西。乾西北。莫夜象。戎因乾戰離兵。如韓琦駐兵延安。夜有人。携匕首至臥內。琦起問誰。曰來殺諫議。誰遣汝。曰張相公。琦就枕曰。取我首。曰不忍。遂去。非剛健而正明者。何能從容如此哉

九三壯于頄。有凶。君子夬夬。獨行遇雨。若濡有慍。无咎。

夬之兌。乾爲兌。當決之時。居過陽地。重剛易敵。變兌不設戒備。且乾爲首。變兌口。又有互

離。乃壯氣顯然見于面目之象。故曰壯于頄。是敗徵也。必有凶矣。君子能守夬夬之志不至兌解。不敢見於色。亦不與羣剛共進。獨行與上應和。則雖遇雨若濡我心有所慍結而无咎也。朱熹曰。溫嶠之於王敦。其事類此。是矣頄頰骨。夬夬重言以明存必決之志也。雨者陰陽之和。因與上應也。若濡謂似受瀆於陰柔之人也

九四臀无膚。其行次且。牽羊悔亡。聞言不信。

夬之需。兌爲坎。四與上俱在君側而兌體。非勇決柔者。乾健迫於下。爲所侵傷而居不安。故曰臀无膚。膚兌象。兌傷爲坎。是无膚也。又五與上比。而不與羣剛合。且四多懼而位不當。不與五上同意。故曰其行次且。次且難進貌。羊亦兌象。牽羊。謂從五也。與壯五喪羊事

相反矣。既不能爲下乾之先以進決柔。又不
可變而之坎。但能承五而隨其後。如牽羊然。
則其悔可亡。如陳平之於呂氏類焉。故申戒
以聞言不信。坎耳下塞。聰不明。雖有兌言聞
之者不信。可默以免耳。朱熹曰。牽羊者。當其
前則不進。縱之使前而隨其後。則可以行矣。

九五莧陸夬夬中行无咎

夬之大壯。兌爲震。尊而兌說。切比於上。有人
君惑於陰柔小人之意。故曰莧陸。決主而說
陰柔。反傷善類。如胡亥邅用趙高之言。行誅
累世大臣。及諸公子。逞其決志。亦夬夬也。其
凶不待言矣。若變其操而中行。則雖柔小未
光。其過可補焉。壯五所謂喪羊于易者也。夬
夬與三異義。故不言君子。中行義在泰卦。子
夏傳云。莧陸。木根草莖。剛下柔上也。馬融鄭

玄王肅皆云。莧陸一名商陸。皆以莧陸爲一。董遇云。莧人莧也。陸商陸也。以莧陸爲二。程頤云。莧陸。今馬齒莧。感陰氣之多者也。胡炳文曰。夬三月卦。莧始生之時。姤五月卦。瓜始生之時。故以取象

上六无號終有凶

夬之乾。兌爲乾。時五爲比。兌說自高而卦既窮。雖有三應。其志在君子夬夬而不相救。无復同類合力者。故曰无號。其凶不假言矣。變乾雖美。亦爲亢龍。恐其有凶。故曰終有凶。有凶義如臨卦。卦辭孚號因兌曰。此則如新莽臨誅曰。天生德於我。雖兌主无可號者也

巽下乾上

姤女壯勿用取女

姤遇也柔遇剛也夬盡則爲乾至姤而一柔見乎下矣如不期而遇者故爲姤又女先於男之象非禮義之正且一女先於五男故爲女壯又戒以不可取女遠佞人亦類也

初六繫于金柅貞吉有攸往見凶羸豕孚蹢躅

姤之乾巽爲乾柅一作鑈籰柄也謂之金柅者猶金壘之金也籰繫絲之器乾爲金爲輪轉巽爲木爲繩初爲巽主而承乾故曰繫于金柅乃女從男之象女之從男猶絲繫于柅宜一其行以无他志故曰貞吉若有所往則一柔與羣剛混男女无別故曰見凶其狀如羸豕孚蹢躅蹢躅牝遇牡喜而躍也亦巽象牝之喜牡雖醜其情无僞故曰孚以譬閹然

媚於世者也。初雖柔微。而其位陽。故彖言女壯。又言勿用取女。亦以譬人君用小才柔邪之人。稱名也小。取類也大。王弼曰羸豕謂牝豕也。牡强而牝弱。故謂之羸豕

九二包有魚无咎不利賓

姤之遯。巽爲艮。魚巽象。初其物也。二近而先遇之。故曰包有魚。包謂包裹而使不見於外也。二之得初。雖非應。以剛中德。包而制之。使柔道不得牽。則无咎耳。若不制則爲遯爲否。終爲剝之貫魚。故曰不利賓。言不可使與外人接也

九三臀无膚其行次且厲无大咎

姤之訟。巽爲坎。夬一柔在上。五剛皆向上。姤則反是。三求遇於初。初比二應四。而三乃介

二四。居則傷於四。行則礙於二。故曰臀无膚其行次且。卽夬四顛而向下之象。然本不與初繫。初未牽之。无柔邪之惑。故雖危地无大咎也

九四包无魚起凶

姤之巽。乾爲巽。胡炳文曰。遇非正道。唯近者得之。故二包魚。四則无魚矣。孝成謂起因變巽爲股。起而進退求遇。則合其應而失之所以凶也。巽四得悔亡者。中命之時也。姤則柔壯之時。而安求遇。故斷以凶。舉正无作失

九五以杞包瓜含章有隕自天

姤之鼎。乾爲離。杞謂二。瓜謂初。杞柳生卑溼。性柔可屈以包物。取象於巽木在下。與大過

楊稊相似。瓜蔓生附麗于物。以譬柔道牽。以杞包瓜。二包初不使滋蔓之象。含章。謂五以剛陽中正之美不顯才於柔壯之世而待時也。夬五君初民。君得民而與然當遇之時近者得之。四初雖應以遠故不能遇而況於五乎。但能含章俟命使二包之。猶杞包瓜至其果熟則蔕自落。不勞而其民可得。其志可行焉。故曰有隕自天。天乾象。變鼎化熟義亦相發矣。含章說如坤三

上九姤其角吝无咎

姤之大過。乾爲兌。剛窮於上无所復遇。變兌對峙。羊角是似。故曰姤其角。求遇之窮可以爲吝。然兌柔其角不傷物。所以无咎也。義與大過之上相表裏有吝凶之分耳

坤下
兌上

萃亨王假有廟利見大人亨利貞用大牲吉利有攸往

萃聚也能招聚人而使歸乎一之謂也爲卦順以說五爲之主剛中而二應之皆聚象也凡事聚則行故先亨焉王謂五也假解見家人卦因互巽風化言王者得萬國歡心以事其先王則天下和平災害不生是成萃之驗也若人心不和則雖祭祀匪懈然神不饗不可謂有廟見大人亦因二五應言不啻君道亨雖二在下見五之大人則利而亨又必上下皆貞而後其利可保矣否則媚言邪說之聚耳兌口唱坤衆從故戒之又兌羊坤牛故

言大牲。用大牲吉。謂可作大事。古者將作大事。必用大牲。告于上帝神后人。聚天祐。故利有攸往也。鄭剛中曰。自四以下宗廟之象。孝成謂艮爲門闕。巽木宮闕象。程朱以萃下亨爲衍文。項安世曰。卦下本无亨字。獨王肅本有。王弼遂用其說。孔子彖辭初不及此字。孝成按。兩亨字義各有當。非衍也。說在翼註

初六有孚不終。乃亂乃萃。若號。一握爲笑。勿恤。往无咎

萃之隨。坤爲震。萃與比相似。比初有孚萃初亦有孚。唯萃有專權之四。初不正而與之應。故有孚於五。之行不終。迷亂而萃於四。故曰有孚不終乃亂乃萃。號笑相對。皆因變震。如

純震笑言可見。握。掌握也。言若能變而剛正其行。以遠號呼乎五。則轉禍爲福之機。握之我掌中。故曰若號一握爲笑。蓋萃於五者正也。其行正。則隨初出門之功可爲。故爲勿恤其亂萃往則无咎也。或曰。握幄音同。坤爲布。爲衆。言聚一幄者皆和笑也

六二引吉无咎孚乃利用禴

萃之困。坤爲坎。中正主於坤而萃於五。變坎爲曳。能曳引初三將萃於四之衆。以奉尊位。所以吉无咎也。往來不變引萃之孚。則終成朱紱方來之美。乃雖柔處不富。薄祭可以薦矣。孔子事魯君。蓋亦此意。禴夏祭。祭之薄者也

六三萃如嗟如无攸利往无咎小吝

萃之咸。坤爲艮。過中不正。而无應援。與上同類相萃。亦皆卦窮咨嗟而无所利。有將求萃於四之意焉。變位當矣。往則无咎。但小則吝。小吝與下爻大吉反。爲人曰大爲己曰小咸以身取象。有爲己之懼。故戒以小吝。嗟亦因上兌。丘富國曰。初三皆萃四者。聖人不欲其以不正相萃。故皆斷以往无咎。欲其舍四而往也。丘說得焉。但不知往之爲變耳

九四大吉无咎

萃之比。兌爲坎。上比尊位。下據羣柔。初三皆有來求萃之意。得萃之時者也。但其位不當。而勢掩主。爲能无咎。然其志大而爲上爲下。不安兌說。能慮多懼則吉而无咎。此爻主意蓋在闚諭強臣。故言不及之卦也

九五萃有位无咎匪孚元永貞悔亡

萃之豫。兌爲震。中正居尊。萃有位也。言有位者見四之萃非有位者也。夫有位之萃无咎固矣。但四既專權。故號令不信於下。猶春秋之時王命不行於列國。齊聽於諸田。魯服於三家。當此時也。有如魯昭之爲速衰亡必矣。故戒以元永貞則悔亡。元永貞說在比卦。雖有強臣。以使之能保其終之心處之。則其強可以漸正之。悔亦可以亡矣。如孔子墮三都。不啻張公室。亦欲使三桓子孫不微也。否則不肯者。豈惟孟氏乎。與之卦恆不死義相發。

萃豫時不同。有小異耳。

上六齎咨涕洟无咎

萃之否。兌爲乾。萃窮將散。陰柔獨立。變象否塞。憂莫甚焉。若兌説安其高。則至凶咎。故戒之以説之反。而爲齎咨涕洟。則无咎。自目曰涕。自鼻曰洟。因兌口言齎咨。連言涕洟。亦澤潤象

巽下
坤上

升元亨。用見大人。勿恤。南征吉。

坤臣道也。宜在下位。今升在上。所以然者。巽入于下。而坤自升。是非逆升。乃以時升也。又地中有木。長而升。升之象。故辭以人臣升進。言之二以剛中。巽讓在下。而五應之。故元亨也。以五言之。則人臣雖進攝君位。亦當以求賢輔於下。故爲用見大人。大人二也。二五皆不

得位。是可憂也。然巽順應輔之矣。如此。故曰勿恤。又方位巽坤接離。而爲犄角。故曰南征吉。言其志必行也

初六。允升。大吉

升之泰。巽爲乾。巽隱不見。初爲之主。无應於上。无心於升。及其變動則允而升。泰初所謂拔茅者也。允訓信。如吾斯之未能信之信。謂心自許可也。孟子曰。伊尹耕於有莘之野。湯使人聘之。不就。三乃幡然改。自任以天下之重。此允升之義也。夫士之舉於微下。伊尹傅說呂望管仲韓信孔明之徒。當其未試。无異於人。乃巽不見之象也。至其允升。能成可見之行。但其事業之不同。各有失得之報。其志大而爲人謀者。人必歸之。若其志淺小而專

爲己。則人亦自爲至喪其功。如管氏三歸反坫韓信求王。其志願之所滿。止於榮利。不翅與一夫不獲則曰予辜之流異而已。與張良辟穀孔明家无餘財亦有間矣。故戒以大則吉也

九二孚乃利用禴无咎

升之謙。其爲艮剛中應尊。與初起於微下不同。象世臣之所委任者。但互兌有說升象謙二之所以戒鳴謙也故此亦戒之言二五相信。雖然不可妄進。能變其行。而止中正。乃存薄祭以奉神之敬。則利而无咎。蓋能保其爵祿。而守其宗廟之義也

九三升虚邑

升之師巽爲坎。此借象於之卦。以行軍喩進仕之道也。柔虛坤邑。三以剛陽進而迫之。且巽爲入爲進退。其升之易如以師入无人之邑。進退遲速唯我所欲。故曰升虛邑。三上无剛。故无忌憚如此。伊尹放太甲而又反之人臣之權有至于此極者焉。孟子所謂有伊尹之志則可。无伊尹之志則簒也者。升之三爲爾。故不言吉凶悔吝。義在心術耳

六四王用亨于岐山吉无咎

升之恒坤爲震。處升之際。下皆來進。文柔陰靜能順於下而上承五。動則長於象爲田獵象。似文王岐山之會。所以吉而无咎也。王亨。因互兌爲說。義與隨上同。但彼維將散於尊位外。此則保來歸於尊位下矣。隨上不言吉无咎。不假言也。升四多懼。變象迫君。不有咸

亨之美。則田无禽。庸何得吉。无咎哉。誠意深矣。萃升多言祭享。萃因聚養。升則因馨香升聞。胡炳文曰。隨上體兌西。岐山在西。故曰西山。升上體坤西南。故只曰岐山。岐山在雍州西南。徐幾曰。二四不言升。二應五。四承五。升則疑於五。故在二言孚。在四言順

六五貞吉升階。

升之升。坤爲坎。柔居尊位。下有剛輔。固吉道也。但在升之時。進而至尊。亦自下而升者也如人臣攝位。如世子嗣世。且柔虛不正。雖有賢佐。未能大有爲。變正能自艱。如寒泉所食則可大得其志。故爲貞則吉。可以升階。升階謂有所由而順升也。古者土階。亦坤象。或曰坤卦兩斷。有賓阼兩階之象。

上六冥升利于不息之貞

升之蠱坤爲艮彖昬在上故曰冥升自四以下皆升事五唯上无所事與之卦不事王侯相類然彼本剛明晦藏其光以待其時如伊呂顏閔之不事也此則彖昬非固光於世之器徒升乎世外清虛之埸夫旣輕舉而[illegible]颩在下飄然彌高有鴻飛冥冥弋者何慕意故曰利于不息之貞利謂免世累也不息者不止於艮也貞者不變之正也

周易新疏卷三

田中由古
山口敏　同校

周易新疏卷四

因幡　河田孝成　著

䷮ 坎下 兌上

困亨貞大人吉无咎有言不信

卦唯五上得其所矣且上爲兌主有人君與陰柔小人比而爲其言所羅織不顧下之象譬如幽王拚於褒姒二世聽於趙高是君困於不明下困其不仁故名之爲困辭則以通其困爲義故取象異夫時困四以下皆失其所然五尊中正和悅臨下故亨而貞二有坎中實德而能慰勞且互離明雖則兌上尚口人孰信之哉不信因上居位外无應大人謂

之。孟子曰、人不足與適也、政不足間也、惟大人爲格君心之非。一正君而國定矣。亦此意

初六、臀困于株木、入于幽谷、三歲不覿。

困之兌、坎爲兌。張清子曰、行則趾爲下、居則臀爲下。初困而不行。坐困之象。故言臀。胡炳文曰、剛之困酒食金車赤紱、皆美物也。柔則株木蒺藜葛藟、至石則又甚焉。鄭東卿曰、兌秋坎冬。兌上柔如得秋氣、而蔓草未殺。故言葛藟。三則秋冬之交、蔓草葉落而刺存。故言蒺藜。若初在坎下、大冬之時、蔓草爲霜雪所殺、靡有孑遺、所存者株木而已。孝成謂、坎於木爲堅多心。亦株木象。又坎爲隱伏、變兌爲幽。故曰入于幽谷。覿、私見也。初窞之深、三歲之久、不能與四相見。安能通君乎。是非吉道也。然隱于困阨之上、多如此者、則亦非凶道

也故不言吉凶也

九二困于酒食朱紱方來利用亨祀征凶无咎

困之萃坎爲坤酒食與需五同象但彼設酒食以需人此則己爲酒食所困義如論語酒困矣二本剛中初三困而將賴衆聚供給故醉飽過宜也朱紱方來謂不啻初三在比近者聚遠方貴顯者亦來也遠近皆聚故利用亨祀萃二言禴者因二五應而主孚此則有酒食故言亨也困時不可行險故征凶變坤有慶故无咎也按紱黻韍芾皆通蔽膝也詩三百赤芾朱芾斯皇疏古者以皮蔽前後王易之以布帛不忘本也朱南方色此以朱紱取象者因互離爲南爲相見

六三困于石據于蒺蔾入于其宮不見其妻凶

困之大過。坎爲巽。柔居過陽而无正應。攝乎二四。進接於四。則四與初應而剛堅不納。譬之水激石。故曰困于石。石因在坎水傍而堅。所謂非所困而困焉。名必辱者也。退託於二。則二亦剛中不與。於非應。譬之據于蒺蔾。蒺蔾。水中剛險而刺者。所謂非所據而據焉。身必危者也。變象與上應。然有棟橈之凶。上不能來助焉。故曰入于其宮不見其妻凶。入。因巽象。宮。因棟象。互有離見。變喪其離。故言不見。妻。指上

九四來徐徐困于金車吝有終

困之坎。兌爲坎。四與初應。爲二所隔。不能相得。雖體兌口。然未至五。不當發號之位。徒待

彼自來耳。但以其爲應。初亦不得不來。而遲遲道路。故曰來徐徐。夫四之所以困者在二矣。二以剛中爲主乎坎。坎爲輪。而金剛象。故言金車以形容二之得勢焉。唯將困能稱其時。不爭求之。變正承五。故雖吝亦有終也。困四曰吝有終。坎四曰終无咎。坎困皆非吉卦。而之則免者。以處多懼之地也。故曰懼以終始其要无咎

九五劓刖困于赤紱乃徐有說利用祭祀

困之解。兌爲震居尊所揜。二不來與兌口發號以責其不來。使三劓之使初刖之。二既毀傷。遂不能來。赤紱无所用焉。故曰困于赤紱夫人君之困。困於下之不來。來下之道。不在嚴刑。而在仁恕。乃徐則有說也。說兌象。變震能長人。不啻二來應而已。其號令有孚于上

下所以利用祭祀也。程朱以劓刖爲五象。劓刖豈在君位者之象哉。兌秋發刑令。而坎中剛受其傷。象意甚明。與前爻來徐徐之爲初象同。亦坎爲赤。故變朱紱爲赤紱。物一也。王弼曰。用其剛壯。行其威刑。異方愈乖。遐邇愈叛。體在中直。困而能改。不遂其迷

上六。困于葛藟。于臲卼。曰動悔有悔。征吉

困之訟。兌爲乾。兌爲正秋。爲毀折。互巽爲禾。爲高。爲風。柔質升窮。无輔於下。困於巽上。譬之倚木之葛。上聳千尋。遇秋毀折。風以撓之。將搖落焉。故曰困于葛藟于臲卼。臲卼動搖不安之貌也。葛藟臲卼。无再榮之象。如周室依殘藩之共綿綿長存。以至戰國。无復興之勢。困之窮也。然舊邦維新之義。莫時不有焉。與靜而无悔。徒爾待衰。孰若動而悔生。能改

其行也。危者使平。故爲動則悔有悔而征則吉。諸葛亮所謂坐而待亡。孰與伐之者。亦此意。曰者。如曰關與衞之曰。王弼云。凡物窮則思變。困則謀通。處至困之地。用謀之時也。曰者。思謀之辭也。鄭剛中云。困有不可動。九二是也。故征凶。有不可不動。上六是也。故征吉

䷯ 巽下坎上

井。改邑不改井。无喪无得。往來井井。汔至亦未繘井。羸其瓶。凶

困上兌反。巽乎水而上水。象汲於井。又泰之初升而居尊。成坎水慰勞之象。五入於初而爲巽。巽進退奉之。有井養不窮之象。故其名爲井。而其義爲泰平之世。登用仁賢養民之事

也。坤爲邑，變爲坎穴。市井之象。邑可改遷，而井不可遷。坤爲坎，是改邑也。五者二之所當往矣。而二以剛中於下而不往，初往而井象已成。不可復改焉。无喪无得。謂汲而不竭，棄而不盈。以喻用之則行，捨之則藏。雖大行不加焉，雖窮居不損焉。君子之所性也。往來因初五易居，井井。謂自若而不改。坤衆坎水，衆汲受澤。五汲而往，初來而汲。然井則自若居其所而不遷，所以爲德之地也。汔幾也。汔至謂汲近至井口也。因互兌口接五。繘綆也。因巽繩。程頤曰，井水出乃爲用。幾至而未及用。亦與未下繩於井同，是矣。羸亦坎象。義如大壯羸角之羸。未繘井者。无羸瓶之憂焉。汔至不用則不徒无用，又羸其瓶，所以凶也。以誠不舉賢，猶可言矣。舉而不用，則殘其賢也。初二皆无援而不汲。三應在位外，亦不食。故其

辭如此。六韜曰。擧賢而不用。是有擧賢之名。而无用賢之實。以至危亡矣。亦此意

初六井泥不食舊井无禽

井之需。巽爲乾柔在井底。故爲泥。上无應援无上。其泥者。不見渫治。故不可食也。井以汲而日新。泥而不汲。故爲舊廢之井。人用井水爲食。則鳥獸就食汚穢。人既不食。鳥獸亦莫之顧矣。故曰无禽。濟物之時。弱質微下。不獲乎上。能稱而隱。爲世所棄。變剛亦不犯難行得无咎者也

九二井谷射鮒甕敝漏

井之塞。巽爲艮。井有天井。有人井。山野陷地出水之處爲天井。孫武兵法有天井。此爻因

變象艮山而言天井。故爲谷。鮒。小魚。如莊周涸轍鮒魚。可見。謂初也。巽有魚象。而初最微。故言鮒。二雖剛中。而无應援。不能出以濟物。比柔微初。如谿谷小泉生育小魚。故曰射鮒。射。注也。言纔潤其物也。士之不得志。而敎授於鄉里者。皆井谷射鮒類也。變以應於五。則有見汲之象。然互兌口。開其底而爲坎。水自穴出。故曰甕敝漏。終无成功。譬如孔明死於軍。亦唯命耳。故不言凶咎也。

九三。井渫不食。爲我心惻。可用汲。王明。並受其福。

井之坎。巽爲坎。向秀曰。渫者。浚治去泥濁也。史記屈原傳。渫作泄。用作以。井水下汙上清三下之上。清潔可食。故曰井渫。但有應在位外。不獲於五。故不見食也。我。三自我也。惻。因變坎憂。三居既高。潔志正行。欲施澤於世。而不見用。變象坎。坎是其心之所以惻然也。亦唯剛陽過中。欲進也急。苟有用我者。則上下並受其福。心悲明王之難遇也。明。因互離。夫不食命也。心惻性也。孔子曰。莫我知夫。孟子曰。命也有性焉。君子不謂命也。於是屬心於位外之上。上有元首象。如孔子如蔡及葉。將之楚。聖人作用。雖不可測焉。井三足以窺其心惻矣。是所以發乘桴之歎也

六四井甃无咎

井之大過。坎爲兌。在互兌上。有井口象。正而承五。故曰井甃。甃者。以甎石疊井。所以潔水

也。變亦兌口。得輔於初。有棟隆之吉。故能謹其口。敷納下言。則雖多懼无咎也。

九五井洌寒泉食

井之升。坎爲坤。初泥。二谷。三渫其泥。四甃其口。順序功積。至此清洌。既出井口。爲衆所食。且中正居尊。與升五升階相發矣。吉不待言焉。但下无應。非汲者。乃所汲之象。故不爲君象。是井之所以成功在上。而言元吉於上也。孔穎達曰。水遇物然後濁而溫。故言寒泉。以表潔也

上六井收勿幕有孚元吉

井之巽。坎爲巽。孔穎達曰。收。如五穀之有收也。程頤曰。汲取也。字義明矣。晁說之曰。收。鹿

盧收繩者也。以象推之。晁釋似是。坎輪外斷。巽繩應之而進退。猶收繘於鹿盧以爲用也。冪覆也。變巽木覆井。故戒以勿冪。王弼曰不擅其有。不私其利。則物歸之。是矣。有孚坎水中實。流通養物之象。收在井上。衆皆仰之。有元首象之卦。巽上貞凶。井上爲收。下應於三而能汲。有君上擧賢之象。故爲元則吉也。巽在井中。則爲繘爲瓶。自他卦來。而在井上則爲冪。各象物宜。收冪皆以木爲之。而冪從巾者。猶瓶甕從瓦也。瓶甕亦巽木象。蓋桶耳。不必瓦器。

䷰ 離下兌上

革巳日乃孚。元亨利貞。悔亡。

革變革也。上澤下火。澤水決則火滅。火氣炎則水乾。又二女同居。少居上而中居下。志不相得。皆有生變之象。非吉卦也。辭則爲王者革命。人得吉利之義。故取象異也。文明在內。革其制度。而外說之。但民可與守常。難與適變。可與樂成。難與謀始。況離二中虛。退藏於密。其所化裁。有衆之不能與知焉者。故變革之初。人未之信。而已日乃孚也。又二主互巽發令。五以剛中得尊於外。應於革主。以正。故爲元則亨而利其貞。又鼎之反。二五易居。皆其位當。但革非常事。不能无悔。湯恐來世爲口實。周有使管叔監殷之過。亦唯能革而當。其悔乃亡。苟有不當。則其凶必矣。豈翅悔哉。胡炳文曰。離日沒澤。有已日象

初九鞏用黃牛之革。

革之咸。離爲艮。雖有其德。无其位。不敢作禮樂。離雖文明。初而无位。不可以有爲。當勉服常度以自守焉。變象應四。有感動象。故戒之曰鞏用黃牛之革。鞏拘束也。黃牛之革指二。其義如遯二。但彼用留人。故曰執之。此則取於人以自固。故曰鞏。謂不變其操。麗乎中順之二。而固守其常也。孔子告顏淵以四代禮樂。其志可見矣。而自道吾學周禮。今用之。吾從周。故君子依乎中庸。遯世不見知而不悔。此爻有焉。以常人言之。事其大夫之賢者。友其士之仁者。意亦在其中矣。孔穎達曰。革之爲義。變改之名。而名皮爲革者。以禽獸之皮皆可從革。故以喻焉

六二。巳日乃革之。征吉。无咎

革之。夬離爲乾中正文明、爲革之主。故特曰革之。又曰征吉。乃湯武之事。湯武興於下。二其所也。而與五應。桀紂既爲獨夫。如明夷入地。五之應於二。譬之外諸侯歸於革主。諸侯說服。而後放伐。故曰已日乃革之。東征則西夷怨。南征則北狄怨。吉又何咎矣。離甲乾戰。有動甲兵象。夬革時雖異。戎象則同。象曰已日乃孚。爻曰已日乃革。象因卦主。故其辭相似。但爻謂二待五之應而動。象廣謂變革之事衆必疑之。且象言象取義於文明而說。故直及孚。爻則言變。因其所之。偏爲興干戈以革命之事。蓋革命之難於孚。雖已日猶有不信者。如三監淮夷叛。可見焉。故二不言孚。至三四五。而後言有孚。然上則又言革面。難之甚也

九三征凶貞厲革言三就有孚

革之隨。離爲震。二既革之。三宜偃武修文。而剛陽過中。變震威殺。且有隨意求得之象。故戒以征凶。歸馬放牛。以示弗服。征凶之義。可見。然亦有不可爲征凶之事。如周公東征是矣。且三危地。故又戒以貞則厲也。革言。誥革命之不可以已於天下之言也。商周諸誥是其物也。三就而後人信之。因應兌上言革言。因三畫言三就。三就。三就。如夫子之門人三就之三就。誥邦君。誥多士。誥庶民。凡三成。夫離爲文明。其所之有動干戈象。革三明文德之時。故不可之也

九四悔亡有孚改命吉

革之既濟。兌爲坎。諸位皆正。唯四不正。而无應與不能无悔之。則既濟。終日戒備。能矜細行。所以悔亡也。改命。亦革命也。但革。總而言之。改。以一事一物言之矣。爲卦。內文明而革。外說而從之。故內卦言革。外卦言變。然四在卦際。接於九三革言。故爲有孚而改命則吉。語人信而後改命令也。禮記曰。立權度量。考文章。改正朔。易服色。殊徽號。異器械。別衣服。此其所得與民變革者也。此改命之事也

九五大人虎變。未占有孚

革之豐。兌爲震。君位而正。能降應於文明之二。諸侯有賢行。服事革主之象。故以大人稱之。虎因互乾。虎猛而文。離夏希革。而兌秋毛毨。其文益鮮明。故曰虎變。喻其勇威煥發。牧

誓所謂桓桓如虎亦此意矣。當革之時。大人向背。決諸人事。故爲未占而有孚。然曰未者。亦不廢其占也。官占惟先蔽志。昆命于元龜之義也。豐五來章。爻意相發。但彼言常道。此則非常且偏爲公侯奮武之事。故取象猛獸。乾象虎。見履卦。或曰。西方白虎。因兌象。亦通。

上六君子豹變小人革面征凶居貞吉

革之同人。兌爲乾。在最外。與三應。革言遠及之象。故言君子小人。君子因變剛。小人因兌柔。豹小於虎。文次於虎。虎文疎而著。豹文密而隱。亦變乾象。革面。謂見說色于外。乃兌象也。居貞者。正而不之也。革之終處位外。雖君子之人。不能如五之虎文彪炳。惟飾細行。自新其德。隱映革之盛業。如豹文蔚縟。至庶民則不問其心術。各從其君。革其面容。乃革之成也。小人而曰革。亦總億兆言之也。有異乎堯之恭讓。黎民於變時雍者。故不言孚。亦可以見革命之難於孚矣。書稱帝乃殂落。四海遏密者。惟堯爲爾。天之所覆。地之所載。有血氣者。莫不尊親。惟孔子爲爾。子貢曰。仲尼日月也。其不可及也。猶天之不可階而升也。其得邦家者。立之斯立。道之斯行。綏之斯來。動之斯和。其生也榮。其死也哀。何翅革面而已哉。故革非德之至者也。征凶以下。又申戒革者也。革已成矣。過說之乾。恐不能安靜以守其成。好事遠征。故

曰征凶居貞吉

䷱ 巽下 離上

鼎元吉亨

卦有鼎象。初分趾也。互乾爲圜。乃腹也。五虛而麗。耳也。上横。鉉也。名義是已。辭則以用鼎爲義。故取象巽也。以木入火。而成烹飪。養民生者。鼎之用也。生民之政。始於得人。成於神道。聖人以鼎爲宗廟寶器。以供祭祀賓客。明致誠於神。調和庶官。以養天下之義矣。又內巽外離。能用人者。巽隱於內。而外能明四目達四聰。又五自革之二進。而行事於上。以待剛賢。故爲元則吉而亨也。言吉者。二五顛易。與革之當反。嫌於其不正也。王弼曰。鼎者成變之卦也。革既變矣。則制器立法以成之焉。變而无制。亂可待也。法制應時。然後乃吉。賢愚有別。尊卑有序。然後乃亨。故先元吉而後乃亨

初六。鼎顛趾。利出否。得妾以其子。无咎

鼎之大有。巽爲乾。程頤曰。柔在鼎下。趾之象也。上應於四。趾而向上。顚之象也。鼎覆則趾顚。非順道也。然有當顚之時。謂傾出敗惡。以致潔取新則可也。故顚趾利在於出否。朱熹曰。當其初。鼎未有實。而舊有否惡之積焉。孝成謂。巽爲進退。初爲之主。有鼎趾不能安重於下之象焉。又巽爲長女。而初柔賤妾之象也。變乾有敬象。將見敬於人。然未中於內。不敢對於五。五之得之。不以色而以其子。則雖如顚趾。无咎也。然非常道。唯鼎新之時。人事有如此者焉。若用之於常。必有咎矣。子。嗣子也。指四。承五而不當位。下應於初。有妾子爲嗣子之象。革鼎相因。革去故也。鼎取新也。故革之終浸向新。鼎之初猶有故之可去

九二。鼎有實。我仇有疾。不我能卽。吉

鼎之旅。巽為艮。朱熹曰。以剛居中。鼎有實之象也。我仇謂初。剛柔相求而非正。則相陷於惡而為仇矣。孝成謂。初應四矣。然有否惡。易瀆於近。二視之為疾。二本剛中應五。有鼎實濟物之才。能知初之有疾。但巽不果。恐或不能棄初。如韓信眩於蒯通。故戒以不我能即則吉。即如履我即之即。謂從我後也。變正艮止。能自守焉。雖不獲乎五。无為初所即之患。

我爻即次。

亦吉象

九三。鼎耳革。其行塞。雉膏不食。方雨虧悔。終吉。

鼎之未濟。巽為坎。鼎耳者。虛中以待鉉者也。上為鉉。三與上對。若柔虛應上。則為鼎耳。今過陽剛實。不能受鉉。不可舉以移行。故曰鼎耳革。其行塞。以喻才行雖賢。上不堪於其剛直。而不能登用焉。剛陽在鼎腹中。而承上離。離爲雉。變坎爲膏。雖有雉膏之美。以其行塞。不爲人食。以喩人臣不能施上德教於世焉。變象上下皆應。剛升陰位。柔降陽位。剛柔相交。如烹飪之熟。內外相親。如陰陽之和。巽風息而爲坎雨。故爲方雨而虧悔則終吉。與未濟三利渉。往來相反。變通之義一也

三在內卦。猶有革意。故曰鼎耳革

九四鼎折足覆公餗其形渥凶

鼎之蠱。離爲艮。四在鼎口。主承且施。而偏應初。初爲鼎足。柔小不能相助。且初四皆不正。其交无信。棄而之他。變正少男。互兌少女。亦皆非濟物之器。故爲折足覆餗。譬之居由納君言之位。而用非其人。才不勝其任。終至傾覆也。公朝猶然。而況王事之大乎。初言趾四

言足者。无事曰趾。陳設曰足。餗。鼎實也。形渥謂鼎形霑漬。以喻政事汙辱。與蠱四見吝相發矣。晁說之曰。形渥。諸本作刑剭。謂重刑也朱註從之。胡庭芳曰。邵氏聞見後錄云。古易形作刑。渥作剭。新唐史。元載以罪誅。贊云。易稱。鼎折足。其刑剭。諒哉。周禮司烜氏。屋誅。鄭司農註。屋讀如其刑剭之剭。諸說似有所據。然覆餗玷象於過失。豈加以刑之有哉。但以其不自量而任大事。斷之以凶耳。若刑剭是乎。凶不假言矣。王弼曰。渥。霑濡之貌也。義穩

六五鼎黃耳金鉉利貞

鼎之姤。離爲乾。五爲鼎耳。舉鼎在耳鉉。而上爲鉉。五本應二。而登用之。三四與初皆從焉。又能虛中而受鉉。乃實其虛。變乾與鉉純體正位得其中色。故曰黃耳金鉉。金。乾象。既有

黃耳。而又金鉉。鼎新之用成焉。與之卦有隕自天相發。利貞戒其成也

上九鼎玉鉉大吉无不利

鼎之恒。離爲震。鉉本以金爲之。以玉飾之。所頭垂而貫耳處无玉。故五言金鉉。上言玉鉉。无應於下。專供五之用。而飾其外。鼎美盡矣。譬諸禮文備而治化成。變有振恒之凶。且恐人事美觀。用心於玉帛威儀之末。而失養道之本。故戒以大則吉无不利也

䷲ 震下震上

震亨。震來虩虩。笑言啞啞。震驚百里。不喪匕鬯

震。動也。雷擊也。一剛動於二柔之下。有陰氣凝聚陽氣在內奮擊發動之象。雷發聲則生

育氣達。百果甲坼。蟄蟲出。所以震有亨道也。重震之卦。爲洊雷象。故震來虩虩。再言之矣。而內以爲脩己之事。外以爲治人之事也。且震。艮之反。艮山也。在下者之象。故震雷爲君上之象也。虩虩。恐懼不安之貌。亦動象。啞啞。笑言之聲。乃鳴象。且因初至四有頤象。故言笑言言匕鬯也。君子畏天之威。迅雷變容。故震之來也恐懼脩省。不敢自寧。戒其容止。遂致笑言自適之福。此身之脩也。又震以長之。能發威令。如雷聲之驚乎遠邇。則可以治其民人。保宗廟社稷。以爲祭主。不喪匕鬯也。蓋威愛並行。而家國可得而安焉。然愛者心之德也。能立其威。所以成愛也。故雖震亨。所以成之則在驚百里。若欲以愛成愛者。徐偃之仁耳。不喪匕鬯。謂守器也。器者所以藏禮也。人君藏固之具也。如器與名不可以假人。可見矣。而以長子言者。四有世子象也。孔穎達曰。匕以棘木爲之。詩云。有捄棘匕。是也。用棘者。取赤心之義。祭祀之禮。先亨牢於鑊。既納諸鼎。而加冪焉。將薦。乃舉冪而以匕出之。升于俎上。故匕所以載鼎實也。朱熹曰。鬯以秬黍酒。和鬱金。所以灌地降神者也。王度記云。天子鬯。諸侯薰。大夫蘭。孝成謂。依王度記。則諸侯賜而後得用鬯。故文侯之命曰。賚爾秬鬯一卣

初九震來虩虩後笑言啞啞吉

震之豫。下爲坤。初爲震主。故辭與象相類焉。但象言全象。故自脩己以及治人。初微也。事之始也。非治人之時。故不言百里匕鬯。且之卦有鳴豫之凶。故著後吉二字。以斷能愼其

始。則吉之可以得矣。所謂爻者言乎變者也。胡炳文稱唐房喬之言曰。震之初九。謹始恐懼。所以致福。豫之初六。倡始逸豫。所以貽凶也。

六二震來厲億喪貝躋于九陵勿逐七日得

震之歸妹。下爲兌。初剛奮動而來。二乘之。故厲矣。億。度也。貝。所有之資也。二在內而陰。陰位柔之所固有。以譬室中資貨。震來之厲。度喪其資貝。求援於非應之五。躋于九陵。是形容陰柔之人。恐懼失途也。五亦柔虛。无之能救。九陵之上。不可久棲。困可知也。逐。如逐利之逐。勿逐。戒計身之安而奔走求於人也。睽卦喪馬勿逐。亦同義。七日得。猶七日來復。歷卦六位而反。則七日也。言能變其震足奔走之象。剛中以守其居而和說。則其室可以保焉。卽之卦利幽人之貞者也。互艮陵。故謂求於五爲躋于九陵。躋因震足。九如九天之九。言高也。與同人三升其高陵異辭者。彼以變互艮中言。此五在互艮上。益高也

六三震蘇蘇。震行无眚

震之豐。下爲離。復生曰蘇。蘇蘇生氣屢復也。柔虛而居過陽。下卦既窮。平時猶不自安。況當震時。驚動屢絕。然去初遠。生氣乃蘇蘇然也。因震恐而脩省。則其行有則。可以无眚。若安變以安其位。反至日中見沫之凶也

九四震遂泥

震之復。上爲坤。震之所以爲震。在初與四。然四居至陰。陷於重柔之間。變柔雖正。亦中行

獨復。不能奮驚百里。雖有剛德。未光於世。故曰遂泥。泥。因互坎水爲坤土。言滯溺也。然非凶咎之道也。丘富國曰。四有互艮失其所以爲震矣。而全震之時用者。獨在乎初。故初震虩虩。而四震遂泥也

六五震往來厲億无喪有事

震之隨。上爲兌。胡庭芳曰。二乘乎初。初之來也。有可畏之勢。故其爻厲而有喪。五乘乎四。四既下牽於柔。其震緩矣。故其爻雖厲而无喪。孝成謂。往來。謂四之不能奮決。變而之又歸來也。无无喪。有不喪匕鬯之意。柔虛才弱。下无應與。而居尊位。故危其行。度其无喪。變執剛德。以大其志。不求身之安。而能爲社稷謀。則下有輔。必有事焉。有事。謂祀與戎。而此主

祀。所謂爲祭主者也。之卦孚于嘉。亦同意。吉不假言矣

上六震索索視矍矍征凶震不于其躬于其鄰无咎婚媾有言

震之噬嗑。上爲離。索索。氣盡貌。矍矍。驚視貌。柔居卦窮。震懼氣盡而索索也。變爲離明。而後得視。乃矍矍驚也。征凶。因震殺離甲出於位外戒之也。但其聰明。而能震懼於未及其身之時以誠備。則可以无咎矣。否則雖結如婚媾。而難和也。有言。謂出不安之聲。亦之卦聰不明之意也。徐幾曰。躬謂上。鄰謂五。四震來勢緩。不能及上。故曰不于其躬。僅能及五。故曰于其鄰。與三无應。故婚媾有言

䷳ 艮下艮上

艮其背不獲其身行其庭不見其人无咎

艮。止也。一剛止於二柔之上。其象爲山。重艮之卦。山背又有山。故不稱卦名。而直曰艮其背。以明卦名主上剛之義也。爲卦。上下峙敵。而不相與。有爲上者不能謙讓以下賤。爲下者亦不敢輕進。上下阻而不和之象。而名與辭特主上剛。所謂敦艮者也。其背其庭。其尊位也。其身其人。其上剛也。四以內皆五之有也。上則位外。故曰不獲。唯背不可見。故曰不見。蓋有求乎顯貴者。欲爲事於其面前矣。而敦重其德者。則艮其背。故王公不獲其身以臣之。然時可以行。則行其庭。雖行近尊位。亦在背。故不見其人。以用之。所以免咎於衰世

也。四五在重門之中。有庭象。獲。本獵獲之獲。與得字意異。如不獲乎上。民不可得而治。可見焉

初六。艮其趾。无咎。利永貞。

艮之賁。下爲離。艮趾无咎。庶民之常也。變正賁其志操而不仕。君子之所以利永貞也

六二。艮其腓。不拯其隨。其心不快。

艮之蠱。下爲巽。三爲艮主。二隨三而止。猶腓之隨限而止。三有列夤之厲。二雖中正。陰柔才弱。无援於上。故不能救隨三之厲。是其心之所以不快也。有居重臣位。國事不如意之象。與蠱二幹母不可貞意相發矣。不快。因互坎憂。胡炳文曰。咸以二言腓。三言隨。隨二而

動者也。艮以二言、腓。又言隨。隨三而止者也

九三艮其限。列其夤。厲薰心。

艮之剝。下爲坤。列裂通。夤夾脊肉也。人有上下。世卿屬上。進爲大夫者屬下。三以剛賢過中。艮限進之窮也。而上下不相與。如裂其夤。剝象所謂失上下者也。觀乎剝三。无咎。固非凶道。但艮小石。譬諸硜硜止於節限。不能與世屈伸。艱苦憂危。而至熱中。故曰厲薰心。薰心。因互坎心病。醫書曰。剛暴者多怒。怒則氣阻結成疽。疽發于背。則毒氣薰心而不食。此危證也。此爻似焉

六四艮其身。无咎。

艮之旅。上爲離。初二三語在下者。各止其所而不肯進之義。四五上語在上者。能愼其德而安其止之義也。咸艮皆以身體取象。咸四之思。以心言之。則艮四亦當心位而言身者。主德行也。且三至上有頤象。故五而言輔。德之在身。譬如食入於口而充於腹。所謂德得也。得於身者也。是所以不言心也。但柔在至陰。應承皆柔。三則艮限而不來比。不可以有爲。世祿貴臣。以高自分。不與下通。陰柔才弱。惟矜細行。而得无咎之象。變離離明。旅而不得位。非及人之時。蓋戒意在欲如上九矣

六五。艮其輔。言有序。悔亡。

艮之漸。上爲巽。艮取象於人臣。故五有攝位象。居高位者所愼。莫重於言焉。故爲艮輔。變

正出令有漸故爲言則有序而悔亡也悔本卦不正无應之象咸上因兌口舌而言輔頰舌艮五因互頤以特言輔艮有輔象

上九敦艮吉

艮之謙上爲坤敦如敦臨敦復之敦爲艮之主變有坤厚故爲敦艮謙窮有不得不鳴謙者非純吉也艮窮能成謙故以吉斷之矣丘富國曰艮者震之反也艮三即震四艮三之薰猶震四之泥故震吉在初艮吉在上自初之趾至五之輔皆囿於一體獨上爲成艮之主非形之可拘故曰敦艮胡炳文曰凡上爻除井鼎外鮮有吉者唯艮之在上體者八而皆吉人可不自厚哉

䷴ 艮下巽上

漸女歸吉利貞

漸漸進也。山上有木。山形漸高。則木亦漸高。有人以門地官敘進之象。又止而巽。不敢遽進。故名之為漸。又否之三循序而升承五。其四降止于下。處互坎功勞之地。剛柔相易。各得其正。譬如管仲不與高國齒。乃有門地而不可相踰之象也。夫仕進之道。必當有漸矣。而女之嫁。納采問名。納吉納徵。請期親迎。六禮備而後行。漸進之義最著矣。故取以為象。亦因三自內出。而入于外之下。巽承於五。有女嫁入於夫室。能齊其家之象。所以吉也。又五自歸妹之二往而得位。使二三四各正其居。是其身正而令行之象。可以正邦家。乃利

貞
也

初六。鴻漸于干。小子厲。有言。无咎。

漸之家人。艮為離。朱熹曰。鴻之行有序而進有漸。干。水涯也。胡炳文曰。二至四互坎。故初有水涯象。艮為小子。鴻之飛。長在前而幼在後。幼者恐失羣危而號呼。長者必緩飛以俟之。故為小子厲有言之象。孚成謂。鴻從日往來。有從君象。漸為進仕之義。故六爻皆取象於鴻漸鴻漸漸之始。出水居干。以譬仕進初位。祿小无應。未得致遠。有世祿貴臣。艮少任官之象。山木之高。非木之秀。山之漸也。世臣之顯。非人之賢。居之貴也。故能知小子厲。懼以終始。則雖有言。亦无咎焉。與變象閑有家戒意相發矣。初非危地。而言厲者。艮少而進也。

有言亦因艮成言

六二鴻漸于磐飲食衎衎吉

漸之巽艮爲巽艮爲石而二在互坎内象水岸磐紆之石故稱磐焉鴻之在磐不害田毛而食水衣不憎於人俛啄仰顧无可驚之事故飲食衎衎安矣以譬君子不素飽也二本中正能奉於五雖接互險居之不懈變巽牀下亦无凶咎故爲吉也胡炳文曰互坎有飲食象鴻食則呼衆衎衎和鳴柔順有應之象初始進於下未得所安二則自干進於磐未安者安矣

九三鴻漸于陸夫征不復婦孕不育凶利禦寇

漸之觀。艮爲坤。艮高坤平。高平曰陸。水鳥在陸。非其所安。剛進過陽。止於危地。猶鴻漸于陸也。夫謂三。婦謂四。三務進不顧同體初二。无應於上而親四。四亦无應而從三。因象以四自三往。言女歸有禮之吉。又擧三四情合之象。以爲戒也。且互坎爲寇。而三陷於其中。故曰夫征不復。四失其道。從於非應。不能有終。故曰婦孕不育。若三能改其行。則坤順保聚。同體一心。可以利禦寇也。之卦觀生進退者是矣

六四鴻漸于木或得其桷无咎

漸之遯。巽爲乾。巽爲木。鴻趾連不能木棲。而言漸于木者。以譬柔小之人。進至多懼不能安居。遯四所謂小人者也。或。亦巽象。桷。椽之方者。亦因互坎而謂桴材在水濱也。四雖不

安。亦正而順巽。在上之下。不求高柯而就其卑。或得其桷。則可以无咎矣

九五鴻漸于陵婦三歲不孕終莫之勝吉

漸之艮。巽爲艮。陵。因艮山。鴻不山居。故言陵也。鴻漸于陵進之極也。以譬臣攝君事。五本中正。與二相應。巽命宣布之時也。但四在上卦。爲主於巽。三在下卦。爲主於艮。變艮其輔。不敢發言。乃五之志。不可遽行。正應路隔。未受其施。故爲婦三歲不孕。然中正之德。三四終莫之勝。其合有漸耳。所以吉也。胡炳文曰。三與五皆言婦。五以二爲婦。正也。三以四爲婦。非正也。三四相比。而爲夫婦。婦雖孕而不敢育。女歸之不以漸者也。故凶。二五相應而爲夫婦。婦雖不孕。而三四莫能勝。女歸之以漸者也。故吉。三五兩爻。言婦之吉凶。而卦辭

所謂女歸吉者。愈明矣

上九鴻漸于陸其羽可用爲儀吉

漸之蹇。巽爲坎。朱熹曰。胡氏程氏皆云。陸當作逵。今以韻讀之。良是。孝成謂。四以下皆聽於五焉。上則位外。莫有所屬。无應於內。巽躁不正。與五競勢。譬如外夷酋長與中國抗。非吉道也。變正從三五文明之則。且巽爲風。變坎飛鳥。擊風飛於互離。有鴻隨日自塞外來之象。故爲進于逵。逵者。都城九逵之道。非鴻之常居也。而漸焉。遠人歸化之象也。儀。如鳳皇來儀之儀。謂有儀而可象也。蓋漸進善俗之化。聲教之所及。不翅列國朝聘。雖遠夷亦漸其禮文。來王接見之際。行列有序。擯价有容。而不可亂。譬諸鴻雁之行。故爲其羽可用

爲儀表所

以吉也

䷵ 兌下震上

歸妹征凶无攸利

孔穎達曰以少承長非是匹敵明妹從娣嫁故謂之歸妹焉古者諸侯一取九女嫡夫人及左右媵皆以姪娣從不言歸姪者女娣是兄弟之行亦舉尊以包之也孝成謂名義如孔說矣辭則義象皆異焉自二至五皆位不當己不正則不能正人故征凶也又泰之三四易居有泰治過半否塞將至之象而四震主震威於上互坎爲寇權臣迫君五以柔乘之故无攸利也胡炳文曰彖唯臨與井言凶否與剝言不利歸妹既曰征凶又无攸利何

也。以說而動。非情之正。恣情肆欲。何所不至。故六十四卦中。其不吉未有若是甚者。聖人著之。以為世戒也

初九歸妹以娣。跛能履。征吉

歸妹之解。兌為坎。居下无應。能守其正。妹而為娣者之所恒也。變坎疾在下。故為跛。而與四應。故為能履。娣媵雖有恒德。僅能承助女君。亦猶跛之能履而已。然本剛正。變象動乎險外。故征吉也

九二眇能視。利幽人之貞

歸妹之震。兌為震。眇能視跛能履。義在履卦。蓋古成語矣。故此承上爻跛能履文。直言眇

能視而不言歸妹。且有正應。不必娣。故不言以娣也。但二五皆位不當。亦不足以相助成功焉。剛美之質。在內而中。說心奉上而已。互離爲目。以其在幽閒。不能見遠。爲眇目之人能視也。變有喪貞之厲。故戒以利幽人之貞。幽人貞。謂不變動。亦義在履卦矣

六三歸妹以須。反歸以娣。

歸妹之大壯。兌爲乾。在下之上。非初微以娣爲恒者比矣。然无應而无所行。故須。須。待也。但過中不正。既接上卦。爲說之主。待而无期。變與上應。亦有過壯之厲。故反以娣歸也。時勢之不得已耳。故不言凶咎矣。朱震曰。天官書。須女四星。賤妾之稱。織女三星。天女也。則須。賤女可知。未審其象矣

九四歸妹愆期遲歸有時

歸妹之臨。震爲坤。遲亦待也。既過兌少而及震長。亦未得應。是愆期也。然本剛賢。非不售也。有待耳。變正應初。乃可以行。是有時也。且爲長主。亦不必娣。愆期遲歸。變爲坤母。故不言娣也

六五帝乙歸妹其君之袂不如其娣之袂良月幾望吉

歸妹之兌。震爲兌。居尊歸妹。象帝女降嫁以姪娣行。稱帝乙者。說見泰卦。良謂縑帛工緻也。文彩自有尊卑之分。而不可易焉。良不良可以相易焉。蓋帝乙嫁女。賜其娣妹。以縑帛

善良者。而女君反取其不良。故曰其君之袂不如其娣之袂良。所以然者。以月幾望自戒也。舊說以妹爲帝乙之妹。薄妹而厚娣媵。非禮也。薄己子而厚其娣媵。是以爲美耳。月幾望。義見小畜。與兌五有厲相發矣。或曰。兌西震東。互離互坎。日月相向。望象

上六女承筐无實士刲羊无血无攸利

歸妹之睽。震爲離。夫婦所以奉承祖宗。而爲祭主也。而曰士女者。語婚之不成也。女以承言。士以變剛言。筐因震仰盂。羊因兌象。謂三也。居卦窮而无應。故在本卦。猶女承筐而无實。變雖與三應。亦爲睽孤之象。猶士刲羊而无血。无血。謂血之无可用。與國无人同一文例。言雖有應而不爲用。有若无也。乃不能以奉祭祀。所以无所利也。睽窮有婚媾遇雨之

吉。此則无所利。物窮則變。易情然也。

䷶ 離下震上

豐亨。王假之。勿憂。宜日中。

豐。大也。以明而動。盛大之象。所以亨也。王假之。猶鄉飲酒之義曰長之假之。假亦大也。卦本自泰來。泰五居尊。求補於二。二剛賢而能任事。五大其功而嘉之。陟之於四。使爲動主。而下乃文明。猶舜禹之總師。故曰王假之。夫泰通之時。將衰之幾在其中矣。則不能无憂焉。堯以不得舜爲憂。舜以不得禹皐陶爲憂。若徒憂以叢脞。則反速敗。故曰勿憂宜日中。言勿憂泰之難保。二四易居。則爲日將出東方之象。豐亨之勢。如東天光。可以進當午之

運也。王宗傳曰。柔居尊位。有震動憂驚之象。戒之以勿憂。離明在下。勉之以宜日中

初九遇其配主。雖旬无咎。往有尚

豐之小過。離爲艮。配主謂四。四配於五。而五爲夷主。故四爲配主。初與四敵應。是遇其配主也。旬。古均字。菀彼桑柔。其下侯旬。毛傳。旬言險均也。內則旬而見。鄭註曰。易說卦。坤爲均。今或作旬。是矣。蓋四能庇下。初雖微。下明動相資。爲與四均蔭之勢。亦在豐時。則无咎也。往。謂變也。尚。當作凶。恐字之誤也。變象有飛鳥之凶。故往則有凶也

六二豐其蔀。日中見斗。往得疑疾。有孚發若吉

豐之大壯。離爲乾。蔀。蔀者。曖嚉之物也。斗。昏見建辰之星也。二爲離主。明如日中。然五亦柔

小。不能相應。爲四所蔽。四爲震主。專雈葦蕃鮮之盛。故曰豐其蔀。以其蔽離日。譬之日蝕。日。日中見斗。疑。因互巽。疾因二至五似坎。二本中正而明。有不遇之象。若變其行。說心應五。則人疑其平生。反速醜辱。故曰往得疑疾。但能清虛自守。則殊途同歸。亦足以發君志矣。故爲有孚而發若則吉。壯二所謂貞吉者也

九三豐其沛日中見沬折其右肱无咎

豐之震。離爲震。沛。謂草生水中。孟子曰沛澤。司馬法曰歷沛。皆是也。蔽象與二同矣。而互兌爲澤。故爲豐沛。沬。子夏傳云。小星也。字書云。或作妹。古文易作昧。或云。斗之輔星。見沬。暗之甚也。折。互兌象。肱。因變互艮手。右肱。所用力也。三本剛陽過中。與位外上應。妄進將

用力於昏時。不免於咎矣。變失其應。柔小位不當。不能有爲。猶折右肱。反得无咎。與震三蘇蘇无眚者相發矣。程頤曰。沛一作旆。王弼以爲幡幔。則是旆也。朱熹因之。然卦无旆象。作旆似非是

九四豐其蔀。日中見斗。遇其夷主。吉

豐之明夷。震爲坤。豐蔀見斗。非吉道固矣。但遇夷主則反吉也。夷主借義於變象也。明夷之五爲夷主。務殘害賢明。乃豐其蔀。掩以闇之。則明者由以得免焉。與明夷四意相似矣

六五來章。有慶譽。吉

豐之革。震爲兌。居尊柔小。下无應輔。爲四所蔽。不能成豐。變象應於文明之二。故曰來章。

能來文德而不用震威。則有慶譽而吉。是處豐之道也。與革五有孚相發。但彼革命事。此則守文之事。是其異耳。慶譽因兌說言

上六豐其屋。蔀其家。闚其戶。闃其无人。三歲不覿。凶

豐之離。震爲離。當豐之窮。陰柔過中。奢侈自高。變離有飛象。翺翔乎臺榭陂池之上。如秦皇所居官。令人不知。故爲豐屋蔀家。无人。謂无賢也。三以剛明而應於下。闚視其戶。闃寂无人於其側。不可與謀以輔佐之。故三歲不得與左右相見。下情不達。爲其嫌於之卦出征有嘉。故斷之以凶。所以往來相反者。戒豐盛也。豐宜日中。過中則昃。上則過甚。所以戒

也。都下列侯邸宅之豐。亦可以譬焉。
闕因離目。三歲不覿。義如困卦註

䷷ 艮下離上

旅小亨旅貞吉

旅。寄旅也。艮門離日。有旅人見日出門而行之象。又止而麗託身於外之象。又否之三往居於五。有寄公之象焉。五尊柔小。下无應與。麗乎四上而僅存。故小亨而已。又以二體言。則艮三得正而止。而麗乎明。是正而得所託。若旅而不正。人誰援之。故戒以旅貞吉

初六旅瑣瑣斯其所取災

旅之離。艮爲離。瑣瑣。細文貌。荀子所謂爲姦細行。曰瑣者是矣。寄旅之始。應於近君。不能

靜止。變之離明。文其柔小。瑣瑣妄行。求容於親寡之人。反被賤惡。斯其所取災也

六二旅卽次。懷其資。得童僕貞

旅之鼎。艮爲巽。二本中正。以柔居陰。變爲巽順。人所愛憐。故得卽次。乃入而止之象。又應尊近利。有受君惠之象。故曰懷其資。言資用裕也。與鼎有實相發。因旅行狀而言懷抱耳。又能與三親比。三爲艮少主。正而衞其外。故爲得童僕之貞。旅中有所賴乎童僕得其貞信者。則雖遇變。可以无咎矣

九三旅焚其次。喪其童僕貞厲

旅之晉。艮爲坤。辭與二反。二陰柔中正。變亦巽順。旅之宜也。三剛陽過中。以光輝高自止。

爲人所憎。且接離火，門闕變爲平土，故爲焚次。謂无所容身也。又失其艮童象而不正，故爲喪童僕之貞，所以厲也。晉三之變，衆允悔亡。進之時也。旅三之厲，親寡之戒也。

九四，旅于處，得其資斧，我心不快。

旅之艮，離爲艮。上承尊位，而下有應，又以剛明之才，居上之下，多懼而下於人，故得處于旅。處，如出處之處，謂安居也。雖得其處，然未得位。斯旅之象也。資斧，說在巽卦。得其資斧，謂爲客將也。得威權於他邦，身之榮耳。无親戚故舊之驩，我心之所以不快也。與艮四艮其身，意相類焉。心不快，因變互坎憂，與艮二同象。而我之者，有傷去留不在我意也。旅以還爲驩，處而不還，雖安不如二之行而即次也。得資斧，雖顯不如二之懷資得僕貞，去留

惟我所欲也

六五射雉一矢亡終以譽命

旅之遯。離爲乾。離爲雉。又爲兵。有矢加於雉之象。一矢加而離象忽亡爲乾。雉與矢皆不可得焉。故曰亡。五寄公也。射。顯事也。射而亡。以譽文明之德。能照禍福之幾。轉禍爲福。變正其位。旅象亡而成君象。所謂嘉遯貞吉者。故爲終有譽而受王命也。旅之時義大者如此。譽因互兌。命因變乾。朱熹曰。亡如亡矢遺鏃之亡。雖不无亡矢之費。而所喪不多。亦通

上九鳥焚其巢旅人先笑後號咷喪牛于易凶

旅之小過。離爲震。居旅之窮。過高无應。明動相熾。必有災眚。猶鳥雖高其巢。而燒亡无所

歸矣。離爲飛鳥。又爲科上槁。有巢象。而火附焉。故曰焚。旅人在上。顯明自用。故先笑。惟是衆之所不與。故後號咷。喪牛。因亡離象。謂不順靜也。于易。釋見大壯卦。變與三應。然弗遇過之。輕虛慢易。而不順靜。親寡之人。不告以善所以凶也。笑號咷。皆震鳴象。猶家人三嗃嗃嘻嘻。但彼麗乎內而入爲家人。此麗乎外而止爲旅。時義不同。故其吉凶相反。同人親也。先號咷後笑。親寡旅也。先笑後號咷。亦同意。處旅之道。卑則取辱。初是矣。高則召禍。三上是矣。四亦未得中。其惟二五乎。而二不如五之有譽命。貴賤之等也

☴ 巽下巽上

巽小亨。利有攸往。利見大人。

巽者卑順之義。亦爲入。一柔卑順而入乎二剛之下。其象爲風。風能入物。以譬命令之入於人心。爲重巽。申命也。而五中正而巽。其志行。但柔爲卦主。而初四皆順乎剛。故小亨也。巽順不逆於物。故利有所往也。三至五離。故利見大人。大人指五。乃六四田獲三品者也。

初六進退利武人之貞

巽之小畜。下爲乾。在重巽下。處令之初。外无應援。未能服令。有巽疑進退不果之象。進退。謂剛柔相變。亦巽象也。變乾爲武事。威武非教令之本。然无威武。則令不行。故曰利武人之貞。貞

因變正

九二巽在牀下用史巫紛若吉无咎

巽之漸。下爲艮。剛中无應。失位不安。巽乎巽下。故爲巽順在牀下。牀亦因巽木。尊者坐於牀。卑者跪於牀下。史掌卜筮。巫掌祓禱。皆口舌之事。取象於互兌。紛若多端也。既在牀下。末由自達。變互坎險。進退窮矣。但能稱時順乎上命。卑巽自處。用史巫而紛若使解說之。則雖非正事。然以得中。故吉而无咎也。如甯武子使免衛君。似矣。

九三頻巽吝

巽之渙。下爲坎。剛陽過中。非能巽者。爲四所乘。窮屈而不能申。勉爲巽順。然躁不果。屢巽屢失。故曰頻巽。變象與上應。其志可申。但巽近利。不能成其渙。故爲吝。胡炳文曰。復三頻復无咎。巽三頻巽吝。聖人不重无過而重改過。屢失屢復。復在失後。故无咎。巽三非能巽

者。屢巽屢失。失在巽後。故吝

六四悔亡田獲三品

巽之姤。上爲乾。陰柔无輔。雖變亦包无魚。宜有悔矣。然中乎四剛。承尊而多懼。得位而巽順。稱時而行權。且互卦有離兌。故能布文命而下說。乃德之制也。所以悔亡也。且互敷言。而能薦賢才。五以巽聽。猶田獵獲禽。故曰田獲三品。三品。謂乾豆賓客充庖。說見詩車攻毛傳。此言之者。因二三上之三剛。皆供君用也

九五貞吉悔亡无不利无初有終先庚三日後庚三日吉

巽之蠱。上爲艮尊而正中。故貞吉也。然爲出令主。而下无應。不能无悔矣。變柔舍己從人。二以剛應輔之。不啻悔亡。凡事无不利也。无應則雖吉未行。是无初也。得輔而後有終焉。庚。更也。十幹戊己爲中。過中將變。宜更改之。故謂之庚。先庚三日丁也。後庚三日癸也。命令之出。原始而丁寧之。要終而揆度之。則吉也。先後亦因變艮與蠱卦先甲後甲同矣。但甲者事之首。故主維新之義焉。庚則中而更張舊令之義耳。張清子曰。甲者。十幹之端也。謂之終則有始。庚者。十幹之過中。事之當更者也。故謂之无初有終。況巽五乃蠱五之變。蠱者事之壞也。以造事言之。故取諸甲。巽者事之權也。以更事言之。故取諸庚。易於甲庚。皆曰先後三日者。蓋聖人謹其始終之意也。

上九。巽在牀下。喪其資斧。貞凶。

巽之井。上爲坎。巽順之過。陽猶不振。窮尤所爲。損其名望。爲人所賤。故曰巽在牀下。上而曰在牀下者。猶明夷之上曰入于地。又失其威權。故曰喪其資斧。夫位外之人。以閑靜爲安。在牀下喪資斧。而不能閑靜。巽躁妄動。不稱其時。行險以徼幸。恃正以欲成井收之功。則足以速禍。故戒以貞則凶也。焦氏筆乘曰。資讀爲齊。淮南子磨資斧以伐朝歌。漢書王莽遣王尋屯洛陽。將發亡其黄鉞。房揚曰。此經所謂喪其齊斧者也。晉書元帝紀曰。失馭強臣。自亡齊斧。檄吳將校文曰。要領不足以膏資斧。合考諸文。資宜爲齊。漢書註云。齊利也。讀如幼而徇齊之齊。文選註云。凡師出必齋戒。入廟受斧。故曰齊斧。未知孰是。其有潔齊象。齊戒之説近是。胡庭芳釋旅四得其資斧曰。離爲兵象。亦互兌金。在巽木上象離兌在四上。所以得也。若巽上喪其資斧。亦有離兌巽象。然皆在上畫下。所以喪也。合兩卦論取象甚明。孝成謂。旅四臣位而近君。故得資斧。巽上位外。免盡狗烹之時。故喪資斧。如范蠡張良能處此時者也。

䷹ 兌下兌上

兌亨。利貞。

兌。説也。一柔進乎二剛之上。説之見乎外也。其象爲澤。取説萬物。重兌上下皆説。二五剛中而柔其外。有內剛毅而外溫柔之象。以此臨事。所以亨也。且五得正位。爲八君能施德澤。以說其民。而下皆和說之義。若說以不正。則爲亂階。故戒以利於貞也。三女之卦。多以貞戒之。女子之道。專於貞而難貞也。三男之卦。則不言貞。男子之道。有所獨立。其貞固矣。而又有不必貞也

初九和兌吉

兌之困。下爲坎。无應而獨遠於柔小。守正於最下。以俟命。故和說也。變雖有株木之困。亦命耳。故斷以爲吉

九二孚兌吉悔亡

兌之隨。下爲震。剛中爲孚。然不正而比柔小不中正之三。變亦有係小子之失。不免有悔

矣。但能守其剛中。則兩兌相遇。與五同德相說。外不相應。而中相信。所以吉而悔亡也

六三來兌凶

兌之夬。下爲乾。往則君子夬夬无咎。來則柔小中於四剛。而位不當。互有離巽。離明足以媚於世。巽順不惡於人。取說於上下。所謂鄉原者是似。所以凶也

九四商兌未寧介疾有喜

兌之節。上爲坎。不正而承剛正之五。乘柔邪之三。故商量所說未寧矣。變正介乎兩間則雖坎疾亦得安節之亨。且有初之輔。故曰介疾有喜。介亦之卦守節象。字義在豫卦。胡炳文曰。疾與喜相反。无妄之疾。損其疾。皆以有喜言

九五孚于剝有厲

兌之歸妹上爲震剝謂柔變剛也居尊剛陽中正然與上密邇上以陰柔爲説之主説之惑人言之莫予違故浸潤不覺其入乃至信其剝而變其剛正所以有厲也程頤曰雖舜之聖且畏巧言令色是矣厲象與之卦月幾望同胡炳文曰兌秋之終九月爲剝他爻皆稱兌五不稱兌而稱剝深爲君子戒也

上六引兌

兌之履上爲乾爲兌主而居五上引誘五而爲説故曰引兌亦柔道之牽也三不正而承乘皆不正故凶矣上則否然本无剛光之才而在位外其事不足稱焉變則考祥之美可

致。但陰柔之質。以說爲事。不知
所終焉。故其吉凶不可言也

䷺ 坎下 巽上

渙亨王假有廟利涉大川利貞

渙散也。風行水上。散漫无所止。名義是已。辭
則言風教遠及否之二四易居。剛得中於內。而
爲坎水。流通不窮。柔得位於外。而能順承於
五。以布命令。故亨也。又五居尊中正。執聲教
之本。聲教之源。風之所自。莫盛於神道。爲視
之而不見。體物而无遺。乃巽風之象。故爲王
至。有廟。言能奉宗廟。則天下歸化。可運諸掌
也。又下有坎水之險。而上有巽木舟楫之利。
故曰利涉大川。大川大事濟於貞。而五剛
正。故曰利貞。廟。因五艮。說在萃卦

初六用拯馬壯吉

渙之中孚。坎爲兌。柔微坎疾。不能爲渙。猶足不良不能行。故拯之以馬。馬亦坎象。變剛正。故壯。與四說順。故吉

九二渙奔其机悔亡

渙之觀。坎爲坤。當渙之時。而處險中。不正无應。不能无悔。變正應五。故爲奔其机則悔亡。机者巽木。尊者之所憑。蓋順承奉五。奔走其机下。則雖未能濟渙。亦可以就一己之安。乃之卦女貞意耳

六三渙其躬无悔

渙之巽。坎爲巽。變象吝。非渙之宜。不變則與上應。其志在外。有以道藝教誘岩穴。德澤及遠之象。故爲渙其躬則无悔。李舜臣曰。三居坎上。近接乎巽。坎水得風而散。巽木得水而通。故能渙散其身出險。自无悔吝也

六四渙其羣元吉渙有丘匪夷所思

渙之訟。巽爲乾。巽柔而正。能順承五。入與幾密。宜命於下。而无偏應。有散其朋羣之象。故爲元則吉也。渙有丘。謂富國。荀子曰。節用裕民。則餘如丘山。蓋財散則民聚。民聚則丘聚之富可致。是生財之大道也。丘亦因互艮。夷。傷也。所思。財用也。財用民心之所屬。爲政貪暴。人誰歸之。四爲巽主。雖近利而順正。无殘虐糾責之象。故爲渙而有丘不傷所思。變象

爭訟。
反是

九五渙汗其大號渙王居无咎

渙之蒙。巽爲艮。朱熹曰。陽剛中正。以居尊位。當渙之時。能散其號令與其居積。則可以濟渙而无咎矣。渙王居。如陸贄所謂散小儲而成大儲之意。程迥曰。汗由中出。浹於四體。亦猶大號由君出浹於四方。孝成謂。汗。坎象。號巽象。居。如發居之居。巽市倍。變艮丘聚之象

上九渙其血去逖出无咎

渙之坎。巽爲坎。三居險窮。而應於下。不能无傷害。變散其應。坎爲血卦。故曰渙其血。逖遠也。最遠於險。且變其巽入。故爲去而逖出无咎。蓋避人避世之時也。坎渙時義相反。坎之

渙則終於徽纆叢棘之險。渙之坎則爲得出而无咎也

䷻ 兌下坎上

節亨。苦節不可貞

節。有限而止也。澤上有水。其容有限。故爲節也。辭則取象異矣。泰之三五易居。五得中爲卦主。以節度能保其泰。所以亨也。然坎有窮象。故言苦節。又坎爲過。而五中正。節以下說。故不至窮矣。若過中而至上。則窮而苦。夫節雖貴守。至其窮則有不可守者。故戒以不可貞也。歐陽脩曰。節而大過。待於己不可久。雖久而不可施人。異衆以取名。貴難而自刻者。皆苦節也

初九不出戶庭无咎

節之坎。兌爲坎。戶庭。內庭也。兌爲口舌。而初最內矣。外應於險。有內言漏泄之象。其禍不可測焉。且初塞水爲澤。不通之時也。言豈可出乎。故戒以不出言於戶庭則无咎。變坎隱伏。口舌隱伏。亦愼言之象。與坎初入于坎窞。言行相發。彼凶而此无咎者。能節言也。內庭言戶者。戶指二一也。三至五艮門。二閉門內扇戶象。

九二不出門庭凶

節之屯。兌爲震。門庭。外庭也。因互艮。曰門。且艮爲成言。夫宗廟朝庭。宜便便言。二中臣位。无應於上而止。是不出言於門庭。遂失時極。節度不立。所以凶也。變象女子貞。亦非丈夫

之節也夫二雖不正无應然三非閉之者且互震有發出象二可出而不出是知節而不知通也

六三不節若則嗟若无咎

節之需兌爲乾柔進過陽而爲兌主既接於險而解怠无危懼之意故爲不愼節度則至歎嗟有咎必矣而所以得无咎者變象乾健而能知險其過可補也需象所謂災在外敬愼不敗者也嗟因兌口亦說之反也

六四安節亨

節之兌坎爲兌柔順得正上承剛健中正之五故安節也何往不通故亨也亨亦坎通象

爻言亨者。唯否與節耳。蓋通生於塞之意矣。胡炳文曰。上卦本坤。坤有安象。節本人情所難。此則安於節。而自然无勉強者也

九五甘節吉往有尚

節之臨。坎爲坤。他爻之節。皆謂節己。五則尊中。爲節之主。制節使人甘嗜之。所謂不傷財不害民者也。但以其在險中。故斷以吉。變象知臨。德莫大焉。故爲往則有嘉尚也。上坎下澤。慰勞及下。因兌口曰甘節吉。變坤土亦甘象。洪範曰。稼穡作甘。故又往有尚

上六苦節貞凶悔亡

節之中孚。坎爲巽。節既過中。窮而不行。故苦。苦而固執。雖正有禍。故爲貞則凶。所謂苦節

不可貞者也。變象巽順。聲令高聞。下則說應。所以悔亡也。以臣節論之。如明建文時。方孝孺忿言滅族。可謂苦節貞凶矣。成祖雖逆。非王莽祿山之比。罵聲非禮也。周是脩輩死節。死不失義。亦不墜其譽。无刑及族之凶。是召忽之行也。如管仲之爲。則變節悔亡者也。推而高之。伯夷不食周祿。微子面縛見於武王。其行相反。亦各從其志。能終其譽。苦節之義。處之難矣

䷼ 兌下巽上

中孚豚魚吉利涉大川利貞

孚者。信而有誠之謂。故含感應之意。如小信未孚。神弗受。可見矣。在文爪子爲孚。鳥之抱

子。化如其期。乳字亦從孚。皆信之契合者也。爲卦。二柔在內。而二、五皆剛中。在全體爲中虛。在二體爲中實。中實信之體也。中虛信之舍也。又下說而上順。有上下相信之象。又互體震艮相合。如頤口脗合。不違自然之期。故爲中孚也。豚小豕。取象於上巽。與大畜豶豕同。魚亦巽象。義見剝卦。利涉利貞。因五爲卦主。義與渙卦同。程頤曰：豚躁魚冥。物之難感者也。孚信能感於豚魚。則无不至矣。所以吉也。詩云：愷悌君子。民之父母。上之視民。如保赤子。烏不化之有哉。或曰：中孚覆畫之離。離伏坎。坎爲豕。豕乃見于陸地之豬。豚乃隱于澤中之魚。豚魚知風之至。有自然之信。胡炳文曰：以豚魚爲江豚。則信在豚魚。不在我。以爲无知之物而信足以及之。則信在我而自能及物。於義爲長

初九虞吉有它不燕

中孚之渙。兌爲坎。初四皆正。而有說順之應。能度其時。信而從之則吉也。有它。謂變初志而欲之它卦也。變柔險而失應。故不能燕安矣

九二鳴鶴在陰其子和之我有好爵吾與爾靡之

中孚之益。兌爲震。複畫爲離。互亦有震。離鳥震鳴。二居陰位而兌幽。鶴性幽閑。且知夜半。有孚信象。故曰鳴鶴在陰。說心動於中而鳴。外巽順應焉。互艮少。故曰其子和之。我。我二變象中正。而長於下。可謂好爵矣。吾亦二。爾指五。靡。摩。摩通。如莊周所謂相靡以信。及交頸

相靡之類。可見。變象二五剛柔相應。都俞吁咈。如鶴鳴唱和。故曰吾與爾靡之。夫如是則言行可以相益。千里之外可以風動矣。焦氏筆乘云。相觀而善之謂摩。鳴鶴相和成聲。好爵以相摩成德。子夏易説如此。今本作縻。縻牛繮也。取繫戀之義。然不如摩厲之説爲長。以韻讀之。又叶也。或作靡。靡。劘。與摩通。漢書賈山傳。自下劘上。註音摩。厲也。劘切之也

六三得敵或鼓或罷或泣或歌

中孚之小畜。兌爲乾。得敵。謂兩柔相遇卦際也。爲説之主。妄進過陽。柔虛輕信窮剛之上。遇四而失其度焉。互震爲威武。爲鳴動。故言鼓。互艮止。故言罷。因兌口而言泣歌矣。而皆或之。或者。與疑不果之象。因四而言之。以見三疑四之意也。之卦説輻及自躁妄之狀相

似王弼曰欲進而闚敵故或鼓也四履正而承五非己所克故或罷也不勝而退懼見侵陵故或泣也四履乎順不與物校退不見害故或歌也不量其力進退无恒憊可知也

六四月幾望馬匹亡无咎

中孚之履巽為乾月幾望義如歸妹馬變乾象匹兩合也馬匹者兩服兩驂純色之名中孚之時柔居至陰順承於五為巽之主能布政令而初以說應之陰柔用事之盛也盛極必變變乾與五純色如馬匹臣而僭君而下不應怨怨如履虎尾故知月幾望者斷乎不僭絕類於五故為馬匹亡則无咎也

九五有孚攣如无咎

中孚之損。巽爲艮。有孚攣如。與小畜之五同義。但彼畜富以鄰。此則不以富力。有中孚之實。而位正當。而下說服。如此則可以无咎。如蜀主之於孔明。是已。與損五龜弗克違義相發矣。特言有孚者。卦主也

上九翰音登于天貞凶

中孚之節。巽爲坎。雞曰翰音。乃巽象。登天。因五上爲天。謂音飛也。雞知時。但音飛而身不能從。以譬時令高聞而德不及。乃巽風无實之象也。博施濟衆。堯舜猶病。故聲聞過情。君子耻之。況孚上既進卦窮。雖下有說應柔小不足賴焉。不可長耳。變正苦節。故貞則凶也

䷽ 艮下 震上

小過亨。利貞。可小事。不可大事。飛鳥遺之音。不宜上。宜下。大吉。

四柔二剛。兩兩相比。柔倍於剛。小者過也。柔雖小弱。過則可亨。然不貞則不能利矣。三爲艮主。止於內而正。兩柔靜於下。是以貞也。又以柔得中於尊。而主於過時。故可小事。四雖震主。失位而不中。不能用事於小過。故不可大事。又複畫似坎。內實外虛。如鳥之張翼。且鳴乎山上。故爲飛鳥遺音。飛鳥之遺音。聲出而身已過。以喻君子恥言而過行也。上下。飛也。飛上逆而難。飛下順而易。亦以喻奉身不宜過於進。而宜過於退。過恭。過哀。過儉。亦此意也。唯有大度而不謀時榮者能之。故爲大則吉也。大因三四兩剛。飛鳥以下皆以身爲

主也

初六飛鳥以凶

小過之豐，艮爲離。卦有飛鳥象，不宜上宜下。初柔輕虛，應四早飛而上。變象可以无咎。然飛而既過，如不追思變何。故曰飛鳥以凶。胡炳文曰：大過有棟橈象，棟之用在中，故於三四言之。小過有飛鳥象，鳥之用在翼，故於初上言之。

六二過其祖遇其妣不及其君遇其臣无咎

小過之恒，艮爲巽。三居內之上，而制初，有父象。四在三上，故爲祖。五乃祖妣，與晉五王母意相似矣。柔過之時，二不受制於三，變巽安進，過四及五，故爲過祖遇妣。是因艮少長女而爲驕子之象。其過悔不待言也。卦本不宜上。故不動而止於下。則中正而安焉。卦辭所謂利貞者。其在斯矣。故戒以不及其君。而遇其臣。則過可補也。君亦謂五。臣則謂二。祖妣。因變恒取象於家道。下句取象於不可過而言君臣。以孝事君。以弟事長。義一也

九三。弗過防之。從或戕之。凶

小過之豫。艮爲坤。爲艮之主。止初二之將過上。故曰弗過防之。待羣小之道。宜不惡而嚴。三有剛正之德。足以能之矣。但在不宜上之時。既過乎中。恐防之或過。故戒以從或戕之則凶。或。因互巽。戕。殺也。因互兌刑象。春秋書法。自虐其君曰弑。自外曰戕。變亦有盱豫之悔。所以戒上戕也。胡庭芳曰。弗過遇之。是兩字爲絕句。弗過。防之。亦當兩字爲絕句。蓋柔

過之時。故二剛
爻皆稱弗過

九四无咎弗過遇之往厲必戒勿用永貞

小過之謙。震爲坤。宜下之時。在上之下。以剛下於二柔。故无咎。但其位不當。不能用事於上而應於初。故爲弗過而遇之。亦宜下之義也。往則剛變於柔。柔過益甚。故厲。宜必戒焉勿用永貞。謂可以往則往。亦當來歸也。蓋謙雖美德。柔過之時。患在剛之不足。故事不可必謙。自古君子多不屈操於衰世者矣。故雜卦曰謙輕。亦謂不自重之弊也。但勢旣迫君位。不可以大有爲耳

六五密雲不雨自我西郊公弋取彼在穴

小過之咸。震爲兌。雖在尊位。二止於下而不應。陰陽不和。故密雲不雨也。厚畫之坎。有雲聚象。所以言密雲也。又山上有雷。雨未及我之象。西郊亦因互兌。餘如小畜。公指四也。四以剛能承五。在上之下。又下獲初。而五有不宜上之行。乃使四得民。故曰公弋取彼在穴。言獲之易也。與咸五歸重於四。象同而其義則與屯五小貞吉大貞凶相似。觀於象辭可

小事不可大事。則四

五爻意可思而得矣

上六弗遇過之飛鳥離之凶是謂災眚

小過之旅。震爲離。有應在三。可以下矣。而柔虛過上。故曰弗遇過之。離之猶詩云鴻則離之。夫柔小之人。得時妄進。已亢而窮。譬之飛鳥繫于網羅。故曰飛鳥離之。亦因變離象也

烏焚其巢，相發往來皆凶。災眚竝至，欲救末由也已。自古亡國敗家者，皆失不宜上宜下之義耳。

䷾ 離下坎上

既濟亨小，利貞，初吉終亂。

水火相交，各得其用，百事既成。當此之時，宜慎細行。妄興大事，則水火反相傷，如大行不顧小謹，非既濟之宜也。二以柔用事於下，故其亨也小，所以能濟也。六畫皆正，而二五位當，故利貞也。但人情不能慎終如始，危生於安，亂起於治，故戒以初吉終亂。初吉因離明，終亂因坎難。朱熹曰：亨小當爲小亨，未知是否。

初九曳其輪濡其尾无咎

既濟之蹇離爲艮坎爲輪爲曳曳輪因上坎而謂初應四之勞車以輪而行曳其輪則不前濡亦因坎水尾在後謂初初應四之難譬如狐涉水而濡尾狐涉必揭尾濡其尾則難涉蓋初在微下以剛明才欲進輔四惟時既濟各得其居安而不遷欲強有爲則有曳輪之勞濡尾之難蹇初所謂往蹇者也然志在奉上見險而憂而止能愼其進止如此所以无咎也

六二婦喪其茀勿逐七日得

既濟之需離爲乾離女居內坎男居外二五爲之主而相應故取象於夫婦以言婦也茀

婦車之蔽。婦人乘車。設障以自隱蔽。因以翟羽爲飾。謂之翟茀。詩云。翟茀以朝是也。勿逐七日得。解在震卦。但彼謂變改其操而不奔走。此則謂不變而守其中正。需二所謂終吉者也。程頤曰。以文明中正之德。上應剛陽中正之君。宜得行其志也。然五既得尊位。時已既濟。无復進而有爲矣。則於在下賢才。豈有求用之意。故二不得遂其行也。自古既濟而能用人者鮮矣。以唐太宗之用言。尙怠於終。況其下者乎。於斯時也。則剛中反爲中滿。坎離乃爲相戾矣。二不爲五之求用。則不得行。如婦之喪茀也。然中正之道。豈可廢也。時過則行矣。故戒勿逐。自守不失。則七日當復得也。程註得之。更詳之。五剛二柔。有君自賢而慢易臣之象。故在二者喪茀也。宜不安動。而守其中正。詩云。既明且哲。以保其身。此爻有

焉。求媚遷秩。有靦面目。譬
之无蔑而行。戒意深矣

九三。高宗伐鬼方。三年克之。小人勿用

既濟之屯。離爲震。離兵震威。而坎寇也。既濟
之時。剛進卦際。接於外寇。甲兵爲威。有王者
征夷狄之象。故曰高宗伐鬼方。高宗殷武丁
廟號。鬼方。謂裔夷。詩稱。殷武伐荊楚獮也。高
宗能奮威武於濟世。爲中興主。故取譬焉。三
年克之。謂久勞也。高宗之賢。尚且三年。勞憊
其民。若无濟心。而好遠征。如漢武。爲禍甚矣。
故戒以小人勿用。以不務內治而貪邊功也。
戒意與屯三幾不如舍相發焉。裔夷謂之鬼
方。中國謂之神州。蓋人之言鬼。是其靈心。使
之然也。有聖人出。制立之極。因以神之。所謂
神道設教者是也。夫然後神州名建焉。故遠

於中國禮文之地。謂之鬼方。大雅云。內奰于中國。覃及鬼方。皆對乎中華神州之辭也

六四繻有衣袽終日戒

既濟之革。坎爲兌。王弼曰。繻宜曰濡。衣袽所以塞舟漏也。張清子曰。出離入坎。此濟事將革之時也。濟事將革。則罅漏必生。故取漏舟爲戒。自朝至夕。不忘戒備。常若坐弊舟。而水驟至焉。斯可以免覆溺之患。孝成謂互坎變巽。水而見木。舟象。又坎穴巽疑。故爲罅漏。且柔小能慎細行。故以備罅漏爲言。所謂思患豫防之者也。離日上又有互離。居則多懼。故言終日戒。與革四悔亡相發。但彼本有悔。且時改革。故斷以吉。此則无悔。時則既濟。吉不待言也

九五東鄰殺牛不如西鄰之禴祭實受其福

旣濟之明夷坎爲坤二五皆中正而各爲主乎上下二在下而文明離火將升變有乾光五在上而險難坎水將降變有坤闇當文王與紂之事且離坎位南北乃東西其鄰故曰東鄰西鄰自外之辭與夷五箕子明夷相發互離爲牛變互震東又爲殺故曰東鄰殺牛二爲明主與五應能服事焉互坎爲難乃文王之事變互兌西萬物所說故爲西鄰禴祭受福殺牛重祭也而禴薄矣重之不如薄唯時爲爾王弼曰旣濟之時其所務者祭祀而已祭祀之盛莫盛脩德

黍稷非馨明德惟馨

上六濡其首厲

既濟之家人。坎爲巽。初尾上首。水而入。是濡其首也。家人之上變則既濟而吉。變而通也

既濟之上反厲者。濟而又窮也

䷿ 坎下離上

未濟亨。小狐汔濟。濡其尾。无攸利。

水火不相爲用。六畫失位。故爲未濟。然五尊而明。以柔中能聽於二。是亨道也。汔將然之辭。二得五之應。有將濟之勢。但未出險中。无可相助以濟者。終溺於初二。而濡其尾。不能登岸。所以无所利也。程頤曰。狐能渡水。濡尾則不能濟。其老者多疑畏。故履冰而聽。懼其陷也。小者則未能畏愼。故勇於濟。九家易坎爲狐

初六濡其尾吝

未濟之睽。坎爲兌。義與既濟之初相似。而不言曳輪者。柔小无力也。但在險下不能自進。變象睽違。猶且說而將濟。至濡其尾。所以吝也

九二曳其輪貞吉

未濟之晉。坎爲坤。曳輪。亦因坎象未出險中。而被委任於五。其勞如曳輪。變象坤順。免其險勞。反受介福。故貞吉也

六三未濟征凶利涉大川

未濟之鼎。坎爲巽。柔小无力。險而過陽。必不能濟。以與上應。妄求進焉。故曰未濟征凶。變

則水遇木大川乃可涉。鼎三其行塞。未濟之鼎。則反利涉。亦變而通之也。朱熹曰。或疑利字上當有不字。說者曰。既曰未濟征凶。又曰利涉大川。文義相背。大抵未濟下三畫。皆未出險。三非利涉可知矣。胡炳文亦曰。既濟六爻不出卦名。未濟六三。卦名獨見。蓋未濟之時。唯剛乃克有濟。六三柔不中正。故以征則凶。亦不利涉大川也。孝成謂觀乎鼎三終吉。則利涉近是。初上无位。二四五皆言貞吉。則三變貞。豈无吉乎。而謂之利涉大川者。蓋見鼎新意耳

九四貞吉悔亡震用伐鬼方三年有賞于大國

未濟之蒙。離爲艮。未濟過半。既出於險。有可濟之理矣。而位不當。不得行其志。故有悔也

變正吉而悔亡矣。又離甲臨坎寇，變互震承尊位。奮威武於互坎中，有上奉王命，而下入寇地。坎中忽發雷聲之象，含兵法所謂疾雷不遑掩耳之意。故曰震用伐鬼方。亦唯久勞可成矣。賞國亦因變互坤上有艮，與師上開國取象相似。大因剛象。未濟既濟之反。故此爻與既濟之三辭相類也。但彼内爲王師，外爲鬼方。此則因四承五而爲將帥之事，下爲鬼方。故言受賞也。與蒙四不相涉者，時不同也。

六五貞吉无悔君子之光有孚吉

未濟之訟。離爲乾。未濟有可必濟之義矣。而五爲之主。有文明德。變象剛健中正。能君臨於羣下。而无偏應。故爲貞吉无悔。乃君子之光也。曰君子，曰光，皆變剛象。不變亦委任於二二以剛中。鞠窮盡力。而曳其輪。乃雖險勞。上下相信。如孔明之於蜀主。故爲有孚則吉。

往來皆得。故重言吉也

上九有孚于飲酒无咎濡其首有孚失是

未濟之解。離爲震。未濟之窮。反於既濟。濟則宴樂。且剛柔應。上下相信。故曰有孚于飲酒无咎。是以燕禮言之也。燕饗雖主和樂。不以禮節之。則濡首之難及之。雖濟復失之。因過高不中且應有險。信非其人。戒之也。治生於亂。亂伏於治。故易終于未濟。而未濟之上。言飲酒无咎。又言濡首。有孚則失是。治亂倚伏之情盡矣。飲酒濡首。皆因在上與坎水應也之卦解難。亦濟未濟意。楊萬里曰。既濟之上濡首者水也。未濟之上。濡首者酒也。水之溺人。溺其一身。酒之溺人。溺其心。以及天下國家。孝成謂。禹惡旨酒。周有酒誥。故飲酒之禮。賓主百拜。此君子之所以无咎也。勿論流俗。後世詞客。託興盃酒。澹蕩稱達。亦皆濡首不知節者也。聖人之戒深矣

周易新疏卷四

范婁
加藤世篤　同校

周易新疏卷五

因幡　河田孝成　著

上彖

彖本卦辭之名也。此篇釋之。不別命名。而卦畫辭皆經稱焉。故彖爲此篇名。隨經而分上下。其辭讚體。書孔安國序所謂孔子讚易道者是也。按卦內剛柔。各有其材。如乾五屯初。剛之材幹者也。如坤二小畜四。柔之材幹者也。彖主其材幹者。以統論卦之材用。故曰彖者材也。又說文曰。彖。豕走也。音義爲斷。蓋以言材用一路。而不言變。譬豕之斷決而走。不顧左右爾。彖象繫辭皆有上下。並文言說卦序卦雜卦。相傳謂之十翼。未知誰名。

大哉乾元萬物資始乃統天。此因五有剛健中正。爲主乎天德之象。以釋乾之元大於他卦也。乾爲天。有萬物資始之象。而五爲元首。以統一卦。是乾元統天也。以爲王者精一執中。萬幾資以始。乃能御宇之義。爲大剛象。始。有二義。本初之始。則上聲讀。資始是也。方始之始。則去聲讀。桃始華之類是也。雲行雨施品物流形。此釋亨也。乾下乾上。運動不息。象雲雨之化。以爲聲敎發育之義矣。大明終始六位時成。終始。謂吉凶消長。始於初。終於上。終則復始。時當可之謂。六十四卦皆示終始之幾。而乾居其首。以總粹精之德。大開明其原。六位各當其可而義成。潛見惕躍飛亢。使人知原始要終矣。大明亦剛象。凡大小明闇虛實貴賤貧富君子小人等字。皆因剛柔象。經翼偕然。**時乘六龍以御天**此承上文。言王者奉乾道。以起下文釋利貞之端也。乾天德。爲聲敬之首。龍文而變化之物。故六畫皆龍爲象。御天。謂行天道。乘云御云者。以化裁推行之權在我。譬諸轡控也。**乾道變化**

各正性命保合大和乃利貞變化字義詳于繫辭矣。人性質天之所命。故曰性命。性命人殊。故曰各正。大和。謂陰陽渾融生物之氣。保合者。全之不毀傷也。此言王者奉乾道以設教。則乾道變化。貴賤知愚。各隨其分。能正性命。而不毀利氣。乃利天下貞。書所謂正德者是矣。各正性命謂貞。保合大和謂利。倒其文者。明貞而後其利可全也。按乾坤諸卦之所由出。故連言道字。故繫辭稱乾道成男。坤道成女。序卦稱井道。謂汲水路耳。首出庶物萬國咸寧此通結一章也。首。如首善之首。謂天德為首也。物者。事之則也。事无不有則。故曰庶物。凡曰萬物者。以天地言。曰庶物者。以人事言。如曰舜明於庶物。可見。曰品物者。謂草木區別也。言乾元為道之大本。能首出庶事之則。其化如雲雨施行。而天下平也。卦辭有元亨利貞者七。而坤言牝馬。屯言建侯。隨无咎。臨有凶。无妄眚。革悔。惟乾无所言。所以純粹精也。說者因文言。以元亨利貞析為四德。然本文分元亨而釋之。至於利貞。則合而釋之曰乃利貞。文義與在他卦者何別焉。且乾君象。君德元則天下之動貞夫一。萬國以貞。故曰萬國咸寧。說亦在文言。

至哉坤元萬物資生乃順承天坤為地。有萬物資生之象。而二

在下。柔順中正。以爲卦主。乃坤之元也。始以氣言。生以形言。形由稟氣而成。故曰順承天

坤厚載物。德合无疆。含弘光大。品物咸亨。此釋亨也。載。如載歌之載。成也。載物。謂成事。則所謂作成物者也。无疆謂地。下文曰地无疆。此无地字者。省文爲句耳。含。含天氣也。蓋天包地外。而其氣則行於地中。故稱地德曰含也。弘亦坤象。光大天象。夫坤靜也翕。動也闢。至柔而動也剛。是吐其含氣。故其化見天象而光大。品物咸亨。是坤道之所以不能獨化也。其在卦畫也。乾剛一而實。坤柔二而虛。唯虛也。故能含天氣而化光。如金石相擊生火。地中有溫泉。波濤出火類。大陽之精。莫不貫盈可見矣。其於治也。如舜重華。禹文命。含堯之文思而發諸事業。如周郁郁。亦順承前聖。以

成其文。皆品物亨之義也。由是論之。則虞夏商周制作。皆坤成象。唯堯有乾元象。故稱堯以大哉則天矣。其於學也。唯孔子爲大。如曰也足發。亦不得稱大矣。三讓服事之爲至德。皆坤至之義也。按德者得於內者也。道者由於外者也。德合无疆。與乾道變化互相發矣。乾坤二象。提道德二字。以立其大本。故學不務乎道德。則記誦雖博。摛藻雖工。皆空文耳。

牝馬地類。行地无疆。柔順利貞。君子攸行。先迷失道。後順得常。

乾爲馬。坤則乾之牝。故牝馬地類也。行地无疆。謂能遠行也。利貞間无牝馬者。承牝馬地類文也。攸行。卽經之有攸往也。變其文者。亦四字爲句會韻耳。坤爲闔。故先則迷而失道。後則順乃得坤之常道。經曰得主。此曰得常。亦會韻西南得朋乃與類行東北喪朋乃終有慶兌離與皆女象。坤類也。慶如厥父母慶自洗腆致用酒之慶。坤爲致養故曰有慶。與類行其慶不待言。喪朋則其始无慶故曰終得喪皆有慶順承之至也

安貞之吉應地无疆能安而貞。則吉如地之无疆

屯剛柔始交而難生震一索得剛。爲六子之長。故曰剛柔始交。坎剛陷於兩柔故曰難生。動乎險中大亨貞初剛爲卦主。動乎險中而正。故爲大者亨而貞也。不言利者。利在貞也。後釋貞而不釋利者。皆倣此。經云元亨此云大亨者。大剛象也。元德之名。剛柔共有。故此因卦象。明剛亨之義耳。非訓元爲大矣。如下文曰宜建

侯亦非以宜訓利也。乾坤之外。屯居諸卦之首。故變元爲大。易利以宜。以見其義趣耳。蓋宜則有利。大者亨則長人之德可以亨矣

雷雨之動滿盈。天造草昧。宜建侯而不寧。

屯有二義。一難一盈。上既釋難。此又解盈也。言雷雨初動。萬物以生。乃得滿盈。序卦云。盈天地之間者唯萬物。是矣。萬物滿盈。則草雜蒙昧。故曰天造草昧。以譬天下未定。禮文不明。宜建諸侯以統治。而未得安寧。因初剛言建侯。以動乎險中。言不寧。玉海曰。乾坤之次。屯曰建侯。封建與天地並立。一旅復夏。共和存周。封建之效也。匹夫亡秦。五胡覆晉。郡縣之失也。孝成謂。三代而上。蓋皆封建。仲尼不興。无繼周者。分爲戰國。秦懲其弊。郡縣爲治。匹夫攘臂。而天下瓦裂矣。漢高能封豪傑歸降者。以

定天下。然承戰國跡。其制尾大。猜疑交生。殘害有功。易以子弟。以天下爲私有。固非公道也。猶足以安呂氏之亂者。分封之利也。亦唯尾大。百敗竝至。於是乎託辭推恩。以奪其勢。子弟侯王。有名无實。逆莽遑威。无忌憚者。封建廢也。自是而後。歷代相繼。治日少。亂日多。今我　大東。封建復古。隆隆之化。萬國无雙。有聖王起于海外。必取法於斯焉

蒙山下有險。險而止。蒙此疊卦名者。卦辭與卦名異其義也。凡如是類。多疊卦名。以分釋名釋辭。義明則否。後可以例推焉

蒙亨以亨行時中也五居尊而柔蒙。求亨於二。二以剛而能應之。是二五皆以亨道遇得時而中也。古本時上有得字。足利本同

匪我求童蒙童蒙求我志應也

不二求五。而五求二。上降於下。柔順於剛。故其志能應也。**初筮告以剛中也**剛者德也。中者居也。雖有其德。苟非其居。則不能告。剛而得中。所以能告也。**再三瀆瀆則不告瀆蒙也**不啻无益。反賊夫蒙。**蒙以養正聖功也**深傷瀆蒙之不善。極言蒙之利貞也。男唯女俞。常視毋誑之屬。少儀內則諸篇之所記。皆蒙養之事也。此道也。雖一人能之。而衆人咻之。則有所不可得矣。禮樂化行。而後四海同風。民之蚩蚩。不識不知。皆能爲之。此之謂正德。乃聖人功業也。說者謂作聖之基。失功字之義矣。胡庭芳曰。乾坤之後屯主在震初。蒙主在坎二。此長子代父。長弟次兄之象。艮爲少男。方有待於開發。三子各得其宜。此屯蒙次乾坤之義。屯建侯有君道焉。蒙求我有師道焉。
天地既位。君師立矣。

需須也。險在前也。剛健而不陷。其義不困窮矣。

乾健知險。待而後往。所以不困窮也。

需有孚。光亨貞吉。位乎天位。以正中也。

五尊而在乾上。故曰天位。正其位也。中其居也。前儒以中正爲德者。非是。

利涉大川。往有功也。

此以對卦爲說。往者五自訟之二。往也。往而爲五。則以中正。位乎天位。故有功也。彖以對卦爲說者凡三十四卦。泰。否。隨。蠱。噬嗑。賁。咸。恒。損。益。困。井。漸。歸妹。豐。旅。渙。節。十八卦者。三剛三柔。乾坤具足。故其言往來上下。皆以一卦言之。然必有其反而相對矣。如需。訟。同人。大有。无妄。大畜。晉。明夷。家人。睽。蹇。解。

萃升。革。鼎。十六卦。皆剛柔異數。卦中升降之象。不可得而見焉。故直取象於對卦矣。夫物不兩則不備。如左右上下表裏動靜。莫往不然焉。而其原出於天地陰陽。故易卦內外兩象。亦兩三才。是一卦中。既具兩比之義。而其成卦。亦兩兩相對。猶血氣合而身體成。身體既成。又男女相配。君臣相遇。而後人道備焉。故對卦之義。不止三十四卦。乾元統天。坤元承天。屯動乎險中。蒙險而止。以至既未濟及雜卦所說。可以見已。東涯曰。凡言往來上下者。皆反對中二卦互說。如泰曰小往大來。則否曰大往小來。隨曰剛來而下柔。則蠱曰剛上而柔下可見焉。曰往曰上者。自內而進于外也。曰來曰下者。自外而退于內也

訟上剛下險。險而健訟

剛謂乾上剛下險在上在下之義。若剛上柔下。

則升降之義也。乃知卦下註乾下乾上坤下坤上者。皆爲升降矣。說者混之。故詳焉

訟有孚窒惕中吉剛來而得中也得者失之反。需五來而爲二。則失其位。然不失中。故曰得中

終凶訟不可成也成。如獄成而孚之成。平也。訟之難成。愈辨愈訐。忿怒愈加。至有終朝三褫之辱。所以終凶也。故君子无所爭。遜讓以處之。是不成之成也

利見大人尚中正也謂五。中正人之所尚。如虞芮質厥成。可見

不利涉大川入于淵也坎水在下。故曰淵。三至五巽。故曰入。言危之甚也

師衆也貞正也能以衆正可以王矣孔穎達曰。師或訓法

或訓長。故特訓爲衆也。孝成謂。司馬法曰。古者以仁爲本。以義治之之謂正。正義師必聲罪。陳行主正。步伐止齊節制正也。齊桓伐楚。仗義執言。名分正也。或曰。正。奇正之正。夫並稱奇正。自孫武始。先王軍禮。不言奇正。余別有說

剛中而應行險而順以此毒天下而民從之吉又何咎矣

釋文人吉无咎。二剛中而應尊。其行事坎險而坤順。毒天下險也。民從之順也。民以羣柔言也

比吉也比輔也下順從也

忠信爲周。阿黨爲比。周比相對則比不善名。且比與大有。剛柔皆反。大有文明而上下應之。文德以來之者也。比則勞於險中以成之。无文明之象。故斷之曰比吉也。又剛在尊位。下坤順從之。比小事大以相輔矣。故又曰

比輔也。朱熹以比吉也三字為衍文。王昭素謂多也字。恐皆非是。原筮元永貞无咎以剛中也謂五不寧方來上下應也王弼曰。五獨處尊。上下應之。既親且安。安則不安者託焉。上有其潤。下能附之。故己苟安焉。則不安方來矣後夫凶其道窮也周之興也。東北諸侯後來歸者。多為所滅。觀周大封子弟功臣於東北。而可見焉。掩殷都者。雖賢豈能通周乎。是伯夷太公之所以避也。故曰其道窮。我慶長之役。西諸侯蓋亦類也。故革之九五曰。大人虎變。美應乎時乎華主也。關原之事。似孟津觀兵。須暇十五年大作成矣。聖神之舉。雖異域其揆一也。

小畜柔得位而上下應之曰小畜重名卦凡十五。象疊卦名。

分釋名釋辭者四卦。皆加曰字。如蒙訟豫隨。則單名疊卦名。皆无曰字。惟革有曰字。蓋單名雖在文中。其爲名也易見矣。重名有混於辭之慮。故加曰以別之耳**健而巽****剛中而志行乃亨**內乾健而外巽順。雖有畜積。然稱時有待於施焉。而二五皆剛。故雖不能遽施。而其志遂行。凡一柔五剛之卦。皆一柔爲主。而此以剛中釋亨者。名與辭取象異也。說者以爲孔子之意。而非文王之本旨者。誤**密雲不雨****尚往也**往則爲雨。所以無幾之也**自我西郊施未行也**柔畜剛賤畜貴。似文王與紂之事。然如朱註曰。我者。文王自我也文王演易於羑里。視岐周爲西方。鑿矣。文王以柔自居而剛紂。固其所也。然剛中志行。豈紂之事哉。且文王不自稱雨

化之施矣。蓋因全卦健巽剛中之象。謂文德之亨有漸耳

履柔履剛也經直曰履虎尾而不別稱卦名。說故言之因以明履之爲卦名也

說而應乎乾是以履虎尾不咥人亨說而應乎乾。樂天之謂也。樂天者能處患難不啻不傷其道。必亨也

剛中正履帝位而不疚光明也德剛居中位正。唯五有之。雖履帝位亦不疚矣。光明以乾言之。此承上文樂天之義。極言之。孟子曰。樂天者保天下。是意也。履者。小畜之反。亦猶文王之於殷故言及之矣。胡炳文曰。大傳曰。易之興也其當文王與紂之事邪。是故其辭危。危莫危於履虎尾之辭。故九卦處憂患以履爲首

泰小往大來吉亨則是天地交而萬物通也上下交而其志同也君上愛下。臣下奉上。其道雖異。志同在治。蔡淵曰。天地君臣。其位已定。所交通者。其氣與志耳内陽而外陰以氣言内健而外順以譬人之德行内君子而外小人君子道長小人道消也内朝外野。君子以禮義爲道。先入後己。小人以營利爲道。專爲己謀。禮義長而營利消。如耕者讓畔。行者讓路是也

否之匪人不利君子貞大往小來則是天地不交而萬物不通也上下不交而天下无邦也

謂无治邪。

内陰而外陽象惟泰否言陰陽者。乾陽物也。坤陰物也。而泰否二卦。皆具乾坤之體也。乃知稱畫以陰陽者。非矣。説詳于乾初象註焉。

内柔而外剛如色厲而内荏。可以取譬焉。蔡淵曰。泰言健順。則乾坤之德。否言剛柔。則其質也。否者氣藏乎質而不交。故不可以德言。但言其質而已。

内小人而外君子

小人道長君子道消也君子在野。小人在朝。則營利道長。上下交征利而禮義廢矣。大學曰。長國家而務財用者。必自小人矣。小人之使爲國家。菑害竝至。孟子曰。後義而先利。不奪不饜。皆此義也

同人柔得位得中而應乎乾曰同人大有柔得尊位而上

下應之。乃彼應於我。而我有之也。同人**同人**

彖得臣位。而應乎乾。乃我同於人也。

說者多以爲**同人于野亨利涉大川乾行**

曰衍文。似是。

也乾行。乾自大有之內行也。乾爲君自內往在外。而同於人。非會盟而何。故亨大川亦可涉矣。

文明以健中正而應君子正也唯君子爲能通天下之志

文明以健。謂內離有文德。而外乾有武功也。中正而應。謂常道。以釋君子貞也。通志所以爲同人也。大抵同人與比相似。而其所以異者。比者師之反。有與王象。所主在親比。而无文明象。同人者。大有之反。有覇主合諸侯之象。文王之爲西伯。亦不外乎此。故專主文明中正而言之矣。然與觀萃鼎渙言祭祀者不同。蓋神道治之所以妙者也。故不言於臨而言於觀。不言於革而言於鼎。鼎聚而上者謂之升。故言於萃。以成升之基也。其餘主人事者。卦象雖大。不復言祭祀焉。蓋亦敬而遠之之意云

大有柔得尊位大中而上下應之曰大有序卦以大有為有大。然則大中亦中於大也。其德剛健謂柔居羣剛之中。有大平天子象。

而文明應乎天而時行是以元亨行者離自同人之內行也。乾天離日。日應天而行。故曰時。其行得時所以元則亨也。同人大有皆名與辭取象巽也。說如小畜

謙亨天道下濟而光明地道卑而上行下濟謂在下而

濟物也。光明。因艮象。地道卑而其氣烝爲雲雨行於上。是因坤在上卦也。上行。與上治文例同。凡象象言上行中行。而不言下行。事不可自下行也。下濟爲謙。光明爲亨。卑爲謙上行爲亨。屈者必伸。天地之道也

天道虧盈而益謙地道變盈而流謙鬼神害盈而福謙人道惡盈而好謙

徂徠曰。鬼神謂人鬼天神也。天神地示人鬼見周禮。不言地示者。合天神言之也

謙尊而光卑而不可踰君子之終也

王宗傳曰。尊者。三居下卦之上也。光。艮體也。卑者。三居上卦之下也。不可踰。謂位雖居下。而德剛莫有過之者。此專以三言。君子有終也。吳徵曰。天之所益。地之所流。人之所好。鬼神之所福。悉萃於能

謙者身他卦之實。未有若是其盛者。此謙之所以為至德也

豫剛應而志行順以動豫

剛為卦主。非尊不正。未能遽行。然能應羣柔而統之。故其志遂行。又坤順而震動。是皆豫定不疚之義也。卦名以剛應順動兩象釋之。而辭則特取順動之義。故疊名以別之也

豫順以動故天地如之

天地之道。陽生於子。陰兆於午。有所豫定。而順序漸進。故四時化育如是矣

而況建侯行師乎

人事大者。豈不豫定順動乎

天地以順動故日月不過而四時不忒聖人以順動則刑罰清而民服豫之時義大矣哉

刑罰清而民服者。如湯武

之事。以贊建侯行師。若其動也逆。爲莽操之爲者、多誅善類。民之所以不服也。天地順動承以故。聖人順動承以則。天地自然。聖人有爲也。按曰時義。曰時用。或單曰時。曰用。極言之稱大矣哉者。皆有不可範以小節之意矣

隨剛來而下柔動而說隨否之上來。不居三而居初。以爲主於內。故曰下柔。又蠱之反。時否而通。事蠱復飭。皆隨時動而說。不拘常節之義。所以爲隨也

大亨貞无咎而天下隨時隨時之義大矣哉大亨貞。與屯初同。時謂通否飭蠱之時。言有大亨貞无咎之德。可以隨時而動。夫然後天下說而隨其時。自受禪革命。下及桓文之事。莫非隨時之義者矣。朱熹曰。王肅本。時字皆作之。

之字作時。當從之。東涯駁之曰。時運之來。天下之人不能違之。故隨之所以大在隨時也若曰天下隨之則所大在彼。非所以言隨之大也。王肅本。因諸卦曰時義而誤耳

蠱剛上而柔下。巽而止蠱。泰初升而止於上。其上降而入於初。下巽伏而上高止。上下不交。泰運之風將衰。隨時之義將弊。故爲蠱

蠱元亨而天下治也。利涉大川。往有事也。先甲三日。後甲三日。終則有始。天行也。此飭蠱之事。往者上自初往也。蠱必有事。往而爲良。能終始其事。蓋飭蠱之時。豈无爲而能之哉。必當往有事。如涉大川。又必體天行之健。以終始之而後可耳

臨剛浸而長。剛浸長至二而臨。柔以貴臨賤之義。說而順剛中而應大亨以正天之道也。二得中與五應。謂之大亨以正。又謂天之道者。義如大壯正大也。至于八月有凶消不久也。與否彖君子道消相發。諸說或以八月為觀建酉之月。或以為大壯建卯之月。皆失文王服事意矣。

大觀在上順而巽中正以觀天下。此釋卦名也。觀與大壯剛柔相反。大壯曰大者壯也。觀曰大觀在上。皆崇剛也。觀盥而不薦有孚顒若下觀而化也。釋名廣言觀示。而辭則偏言祭祀之禮下仰觀。故亦疊名以別之矣。觀天之神道而四時不忒聖人以神道設敎而天下服矣此亦極言觀示之至者也天之爲體不可思議仰之蒼蒼然運旋弗息時行物生曆象推步終古不忒如有所由焉者如主宰在焉者是天之神道而貞觀者也聖人則天以神道設敎四時祭祀匪怠廟堂之禮養老序齒以敎孝弟及告朔授時嘉會軍旅之事亦皆寓諸祭祀齊明盛服以事鬼神唯神不測禍福隨之故不賞而勸不怒而威百行由以生焉是故身奉神道則身可以脩矣施之家則家可以齊矣推而行之天下則天下服矣故孔子曰明乎郊社之禮禘嘗之義治國其如示諸掌乎按秦紀琅邪臺銘曰古之五帝三王知敎不同法度不明假威鬼神以欺遠方此說一立法律之治勝而古昔聖人神道之敎荒焉訑訑者以祭祀爲假託之事蚩蚩者不知

欲鬼神而遠之。乃至狃而瀆之。邪說啓之矣。宋儒惡其如是。欲以氣化眞實往過來續之說明神道。夫神也者妙萬物而爲言者也。聖人制禮以示其物。豈可以言而明之哉

頤中有物曰噬嗑。噬嗑而亨因名義而釋亨。下文皆舉別象以釋用獄。夫噬嗑有斷決之義。而不取者折獄者有位人之事。噬而嗑之。則无位之初上用事。其義相反故也。剛柔分動而明否之五來。剛之分也。其初之往。柔之分也。否塞分別。動而明。獄之折也。雷電合而章威明合而折辭成章。柔得中而上行。雖不當位。利用獄也此以對卦言也。賁之二升而居五。則是得中而居上行事也。但獄非人君務本之事。如文王罔攸兼于庶獄。可見。故

爲不當位。言五雖不當位，然虛中柔聽。是其所利也。當位與位當異義。說在需象

賁亨。柔來而文剛。故亨。分剛上而文柔。故小利有攸往。曰柔來。曰分剛。皆主剛之辭。雖柔小以剛文之。則可以利往矣。舉正曰。今不字。誤作小字。說在經註。天文也。舉正曰。剛柔交錯。天文也。今脫剛柔交錯四字。王弼曰。剛柔交而成文焉。天之文也。依王註舉正似是。夫恒星列經。七曜運緯。以照臨下土。變化氣節。能終始萬物者。天之文也。即剛柔交錯。艮光終始於上。離明麗於下之象也。此遍下文。皆極言賁亨之義也。文明以止。人文也。止。謂人各有其所止。觀乎天文以察時變。謂曆象日月星辰授人時。是制作大本也。劉向

以爲觀妖祥見於天文。勸諭之言耳

觀乎人文以化成天下

謂觀乎古聖人所制作之典章。因以立道。化成天下也。唐虞稽古。周監二代。皆此義也。徂徠曰。天日文。聖人法天以立道。禮樂粲然。故道謂之文。如曰夏尚忠。殷尚質。周尚文。後人比竝三代之禮觀之。乃有是言也。表記曰。虞夏之質。殷周之文至矣。可見忠質文本非一定之論已。又如曰禮有本有文。亦論說之言已。假如燕饗之禮。其始在飲食之耳。聖人以禮樂文之。則酒清人饑而不敢飲食也。是其意全在文。而不在本焉。孝成謂徂徠偏言文明之治。易主質教。故曰原始要終以爲質。孔子大林放問禮之本曰。禮與其奢也寧儉。儉仁之術也。義之制也。仁義則禮之本也。且如皮弁祭天象。古尚質。謂之何要亦唯時物剝剝也柔變剛也柔剝剛則剛變爲柔不利有攸往小人長也順而止之觀象也君子尚消息盈虛天行也觀象謂觀玩卦象而不拘辭也言在剝之時剛窮於上不利有攸往然與時消息盈虛順以止之則可轉禍爲福天行然也若不量其時剛亢以臨羣柔速凶必矣非君子之所尚也君子因上剛

復亨剛反動而以順行此釋亨也反謂剝上之剛反顛爲初是以出入无疾朋來无咎反復其道七日來復天行也天以順運反復不已復亨之美如是利有攸往剛長也亦有

剛長之端

復其見天地之心乎

天地之心者謂感應生物之妙也所謂天地感而萬物化生者也天地大德曰生草木之殖鳥獸昆蟲之孳尾莫非生生之化者焉極而言之天地雖配惟天為大地則天中一物是乾元之所以為大而坤元以順承為至也陽生陰殺雖陰陽對亦惟天之一大彊陽氣運行之節耳日者陽之靈也月者陰之精也月光則日之映耳故日在地下則地下晝南至則南暑天地无時不晝无時不暑惟遠於日之處其氣有所息焉而為寒有所掩焉而為夜故陰者陽之蔭也死者生之盡也屋下不生草以日光之不及也兩間之明日之光也四時變狀日光火氣之所感也剛反謂之復陽復地下之象冬至日將北萬物未發育陽氣便應于地中而動天地感應之

妙。生物之心可見矣。在人則爲上者。一日復禮。天下歸仁。室言之善應乎千里。觀於滕文公居喪有禮。志在仁政。其國褊小。未能大有爲。而許行陳相來歸。則天地人心感應之速。其致一也。故俗之美惡。由君上德行。亦猶四時變狀。感乎日光邪。是日之所以爲君象也。

按復者復正也。如小畜初二之復。泰三无往不復。亦復正也。陰陽柔剛。雖各有邪正。總而言之。陽剛爲正。故剛反含正復之義。復臨泰配月謂之三正。建巳純剛。亦謂正月。蓋皆本諸此。王弼云。復者反本之謂也。天地以本爲心者也。運化萬變。寂然至无。是本矣。程頤非之曰。陽復於下。乃天地生物之心也。先儒皆以靜爲見天地之心。蓋不知動之端乃天地之心也。東涯曰。王說出于老子守靜篤萬物竝作。吾以觀其復之言。濂溪无欲主靜。亦與主不異。而程子之所深斥者也。至朱子解經。謂停二說。而考其所道者。則宗周子以靜爲旨。此學問大關鍵。可不辯焉哉。孝成謂。程說之優。東涯取焉。但未及感應之義。所謂動之端。感日之將兆而應者。則是天地生物之心也。聖人感人心而天下和平。亦唯應於好生之德耳。故曰苟志於仁矣无惡也。是聖門心學也

无妄。剛自外來而爲主於內。動而健。剛中而應。大亨以正。天之命也。外謂大畜之外。內謂无妄之內。大畜之上。反顚而來。爲无妄之初。剛爲主於內。動而健。又五以剛中於天。二應於下而動。大者亨而正。猶大化流行。物各得其性而生生。乃天之命也。无妄之義也。夫人能體天命。則何不利之有

哉。故爲元則亨而利在貞也。蓋天命无妄。其
物性亦无妄。子思天命之性。義本乎此矣。
匪正有眚。不利有攸往。无妄之往。何之矣。天
命不祐行矣哉。此亦主五言之也。往者變而之它卦也。卦本以五中天德
爲无妄。无所期妄之時也。无所期妄而往。將
何之乎。之則亡天象。天命不祐。事豈行矣哉
大畜。剛健篤實。煇光日新其德。剛健謂乾。篤實煇光謂艮。言艮
能蓄乾之剛健。故篤實煇光。而日新其德。即
多識前言往行之義也。日新其德。亦因蓄天
德於內。剛上而尚賢。能止健。大正也。剛上。无妄之初升也
尚賢。居之君位上。以師事之也。艮上有高尚
象。故曰尚賢。尚賢而能得止乾剛於下者。其

所賢有大正之德也大正與壯象正大同義稱剛德耳一說以六畫言則上大而不正然卦本以艮止乾爲義乃分上下以三畫言則艮上正故曰大正分二體取象者如夬三爲頤四爲臀可見矣

不家食吉養賢也五能蓄養下乾利涉大川應乎天也因五應於二而言應天得時之謂雜卦曰大畜時也

頤貞吉養正則吉也觀頤觀其所養也自求口實觀其自養也天地養萬物聖人養賢以及萬民頤之時大矣哉孔穎達曰以釋頤義於理既盡更无餘意故不云義所以直言頤之時大矣哉

大過大者過也棟橈本末弱也本初。末上。弱柔。剛過而中巽而說行利有攸往乃亨足以扶本末之弱。大過之時大矣哉孔穎達曰。大過之時。唯君子有爲拯難。其功甚大。胡庭芳曰。或疑頤與大過對者也。何不名爲小過。中孚與小過對者也何不名爲大過。蓋大過以四剛在中言。小過以四柔在外言。此是聖人內剛外柔之微意。以剛自內而過者爲主。柔自外而過者爲客。若頤之四柔在內。不可以柔爲主矣。故不名之曰小過。而自取象於頤。若中孚之四剛在外。不可以剛爲客矣。故不名之曰大過。而自取象於中孚。此大過小過之辯歟。孝成謂。名卦本意不必如庭芳之言。唯其言辯。故附記焉習坎重險也水流而不盈行險而不失其信維心亨乃以剛中也行有尚往有功也上下皆坎。乃重險也。處重險者。必能習之。所以名習坎也。水行重險峻崖之間。則能泄漏。不失流通之性。无盈溢之患。以喩人處險。能守中實。不失其信。乃心亨。夫不失信於平易。人或能之。不失信於坎險。而後剛德可見矣。其功可必矣天險不可升也地險山川丘陵也王公設險以守其國險之時用大矣哉上文釋卦名。而及卦辭。所以處險。此則言所以用險。而本之天地。以贊之也。言治典在德而不在險。然有時乎險之用大也城郭溝池固矣。坎爲法律。亦禁踰越之設也然若程註尊卑之辯貴賤之分。錯辭不明。混禮法矣。衛卿以來。既有此失。國容主禮。軍容主法。故司馬法曰。

禮與法表裏也

離。麗也。日月麗乎天。以上卦言**百穀草木麗乎土。**以下卦言。不曰地而曰土者。凡地之所載。不特百穀草木也。齊夢龍曰。龜山楊氏曰。火无常形。麗物而有形。最得本旨。人之生也。得水爲精。得火爲神。精所以爲形。而神麗於形者也。日月麗天。百穀草木麗土。其**重明以麗乎正。**乃神之發見而可見者也

化成天下此贊純離之美也。上二文起端之辭耳。八卦唯離。三畫皆正。此卦重離。初二三正。而四五上則不正。上下敵應。而不相與。譬諸明者並謀而不相合。爲上者舍

己不正。以從下之正。故曰重明以麗乎正。乃可以化成天下也。柔麗乎中正

故亨是以畜牝牛吉也亦因下卦以釋卦辭。上能舍己而從下。則下能中正。任事而順上。故亨。乃畜牝牛之吉也

下彖

咸感也柔上而剛下二氣感應以相與止而說

男下女是以亨利貞取女吉也上下謂否之三上升降。否者天地不交。柔剛升降。則爲天地感之象。二氣相與。謂山澤通氣。升降通氣所以亨也。止而說。則感不失貞正。所以利也。男下女者。取女親迎有禮之象。所以吉也天地感

而萬物化生。聖人感人心而天下和平。觀其所感。而天地萬物之情可見矣。天地感因否之升降。聖人感人心。因二五之應。萬物化生。天下和平。雖其道大。皆由感而速。觀其所感於卦象。則天地萬物感應之情可見矣。能得其情。而後百齡可成焉。孔子曰。德之流行。速於置郵而傳命。以能感人心也。故雜卦曰。咸速也。天地感。自然之化也。人心有所使之。故曰感人心。天人之分也。

恒久也。剛上而柔下。雷風相與。巽而動。剛柔皆應恒。恒恒常異義。如庸人謂之常人。能一其德者。謂之有恒者。可見焉。恒有純一意。純一者能久。故曰恒久也。上下。謂泰之初四升降。巽入於內。震動於外。咸言二氣。而不言山澤。恒言雷風。而不言二氣。又言剛柔皆應。文各有當。而義互發焉。咸因卦名象而釋卦辭。故承以是以字。恒之釋辭。不拘名象。因恒泰之升降。特言天地。故疊名以別之矣

恒亨无咎利貞久於其道也天地之道恒久而不已也人各有道。能久於其道。則合於天地恒久之道。所亨以利也利有攸往終則有始也終始无端。天之所以恒久也日月得天而能久照四時變化而能久成聖人久於其道而天下化成觀其所恒而天地萬物之情可

見矣聖人之道禮樂已禮樂之教一張一弛譬如日月盈虛四時變化蓋天地萬物之情變而通之能成其恒故雖速於感而不恒久則事不可成焉咸恒之所以相待也

遯亨遯而亨也剛當位而應與時行也遯而亨謂不遯則不得亨也當位謂用事也義見需彖五方用事與二相應而遯能知時者故曰與時行言如四時代序也遯在月爲建未踰月則否秋氣將至是石錯所以老也又上乾象父下艮少男有父老委事於子之象小利貞浸而長也柔止於中正不遽長

遯之時義大矣哉如堯將遜于位亦不外於此矣

大壯大者壯也剛以動故壯剛長已進於上卦大者壯也乾剛健

而震威動。勢亦壯也。釋名主壯。釋辭主正。故下文稱卦名以別其義矣

大壯利貞。大者正也。正大而天地之情可見矣

云大者正也者。大以釋大壯。正以釋利貞。剛長雖壯。不履尊位。正之謂也。且畫位剛柔。皆有正不正。然以淑慝邪正言之。則剛爲淑爲正。柔爲慝爲邪。說如復卦釋彖註。乃大壯有大正之義矣。程頤曰。不云大正。而云正大。恐疑爲一事也。張清子曰。復雷在地中。則天地生物之機伏而未露。聖人有以見其心。大壯雷在天上。則天地生物之心。已達於外。聖人有以見其情也。孔穎達曰。不言萬物者。壯大之名歸天地。故不與咸恒同也

晉進也。明出地上。文明之運。如日之升順而麗乎大明下坤

順。而上附離於大明之朝。竊疑大文字誤

柔進而上行

明夷之二以柔正。進而往五。自上行事。不以威武。而以文明。乃明王繼統之象也

是以康侯用

錫馬蕃庶晝日三接也

明入地中明夷內文明而外柔順以蒙大難文王以之

左傳云。文王四七年

利艱貞晦其明也內難而能正其志箕子以之

晉五爲主。明夷二爲主。晉五上行。故三至五雖有坎。而不言難矣。明夷之二。遭昏暗時。二至四坎。故言憂患也。而三爲難主。以剛居二。故二有蒙大難之象。又以其在內卦。故曰內難。以中正。故曰能正其志。在難正志。所以艱貞

也。按殷有三仁焉。微子去之，比干諫而死。唯箕子佯狂爲奴以晦其明。故取以譬焉。且觀於箕子傳洪範。則其明長於微子比干。是其所以能開基朝鮮。民受其賜。至今禮文冠諸夷也。夫建聲教於異域殊俗。豈易事哉。箕子之明可知矣

家人女正位乎內。男正位乎外。男女正天地之大義也。以二五得正。釋家人。並明利女貞之義。家人者總六親之名。故男女亦總長幼而言之。以男女爲夫妻者非矣。夫乾坤道雖廣乎。成男成女。王化之本。故男女正天地之大義也。

家人有嚴君焉。父母之謂也。亦謂二五。父父子子兄兄弟弟夫夫婦婦而家道正。正家

而天下定矣 經特言女貞者。因卦主也。翼則以全卦言男女正。又言有嚴君。以示家道成於嚴。而敗於嫚之義。推而廣之。以及父子兄弟夫婦。各得其正。而天下定也。言天下雖大。其道不出家矣。故家道正則天下之道定也。按君臣父子夫婦兄弟朋友之交五者。天下達道也。家人之義。不及家外他人。故不言君臣朋友焉。朱熹以爲上父初子。五三夫。四二婦。五兄三弟。鑿之甚矣

睽火動而上。澤動而下。二女同居。其志不同行 女子各有行。故中女少女。有各適於人之志 說而麗乎明。柔進而上行。得中而應乎剛。是以小事吉 柔進爲卦主。能用其

力於細微。雖翟明應剛。亦猶小過不可大事而可小事。所以小事吉也。按此三德。皆非睽違之象。故釋名釋辭異義。而不疊卦名也天地睽而其事同也男女睽而其志通也萬物睽而其事類也睽之時用大矣哉上文不由卦名。故不言睽。此則不由卦象。廣論睽義。以贊有時乎其用大也

蹇難也險在前也見險而能止知矣哉三至五離。故曰見。不爲不爲不可爲於不可爲之時。知者之事也蹇利西南往得中也五自解之二。爲主於往。得中於坤。不利東北其道窮也三爲主於艮。過中迫

險是其道窮也利見大人往有功也亦解二之往也當位貞

吉以正邦也五當位而能使二三四上正。乃正邦之象。初未得正。民德未正。

亦知者之治也蹇之時用大矣哉胡炳文曰。坎睽蹇皆非順境。雖此時。

亦有可用者。故皆極言贊之。但坎睽釋卦辭。後復從天地人物。極言之以贊其大。蹇則釋

卦辭以贊之而已。蓋上文所謂往得中有功。正邦。卽其用之大者也

解險以動動而免乎險解卦名險之既解也解辭則解險之義也

利西南往得衆也四自蹇之三往。而爲長於坤衆其來復吉

乃得中也二自蹇之五來而得中於坤靜有攸往夙吉往有

功也。往亦謂四天地解而雷雨作雷雨作而百果草木皆甲坼解之時大矣哉因震雷坎雨而言天地和解以譬事難解而後化成也故特贊時之大也楊萬里曰冬閉之久而忽逢春生天地之凝者散雷雨之靜者作萬物之甲者坼是取象於坎北震東

損損下益上其道上行損下益上非輸貨財助上之事自上行之道也故曰其道上行胡炳文曰損三益上爲損初升而爲四爲五胡不謂之損損四益初謂之益上降而爲三爲二胡不謂之益下之上可損下之下爲民決不可損也故損曰損下益上而不言損民益曰損上益下民說无疆則其爲益民也可知矣民爲邦本可益而不可

損如此。丘富國曰。損之名。由有餘而起。益之名。自不足而生。損有餘所以補不足也。故滿則招損。謙則受益。今觀損下體本乾三畫皆剛過於富貴。當損者也。上體本坤三畫皆柔過於虛乏。當益者也。聖人豈以損民之不足者爲損哉

損而有孚元吉无咎可貞利有攸往曷之用二簋可用享二簋應有時損剛益柔有時損益盈虛與時偕行

損加而字者。別疊名也。剛富柔不富剛盈至三柔虛至上。當損益之時也。故曰損剛益柔有時。如墮三都張公室是矣。盈則損虛則益。亦唯與時偕行耳。此言時者三。蓋二簋應有時之義深也。楚本子爵。爭長上國。不可以子自居。與爲僭公侯之號。寧王。勢之所至

也。管仲不問楚之僭號。而徵包茅。知時也。如賈誼推恩侯之策。亦近矣

益損上益下。民說无疆。上巽施令以益下。則下民震動以應之。故曰說无疆。**自上下下。其道大光。**剛自四下於最下。以貴下賤。故其道大光也。大光剛象。**利有攸往。中正有慶。**二五中正相應。上巽聽而下進動。乃君臣之會也。而曰有慶者。因互坤慶象。謂如燕禮類。是亦益下之事也。**利涉大川。木道乃行。**益之可以濟大事。猶木道涉川之易。木道。蓋謂浮橋也。渙中孚皆因巽曰乘木。而此特曰木道者。以喩能益下。則巽令易行。非舟楫之比也。勿論孟津之會。如漢高定關中。其義可見已。**益動而巽。日進无疆。天施**

地生其益无方天施地生。損乾益坤之象凡益之道與時偕行王弼曰。益之爲用。施未足也。滿而益之。害之道也

夬決也。剛決柔也。健而說。決而和孔穎達曰。健則能決。說則能和揚于王庭。柔乘五剛也一柔乘陵五剛。小人得寵。弄威於上之象。雖決而和。又有難遽決意孚號有厲。其危乃光也湯誥曰。慄慄危懼。若將隕于深淵之類。其危乃光者也。光。剛象告自邑不利即戎所尚乃窮也夬之所尚。在和決矣。若乘方長之勢。羣剛齊進。則其猛威敗事而窮矣利有攸往。剛長乃終也朱熹曰。一變則爲純乾也。徐幾

曰。君子自治甚嚴。治人甚寬。固不爲疾惡之已甚。未嘗容惡而不去也。若虞朝之去四凶。周室之誅三監。是得決之義也。後世衆賢在位。得時得君。其始未嘗不欲去小人。以除君側之惡。大抵不知夬決之義。而機失事敗。禍亂相尋者。不可勝數。可不戒哉

姤遇也柔遇剛也勿用取女不可與長也女先於男。與咸取女吉相反。柔爲主。故曰柔遇**天地相遇品物咸章也**孔穎達曰。遇辭非美。孔子更就天地。歎美遇之爲義。不可廢也。李舜臣曰。姤有以坤初變乾初之義。是爲天地相遇之象。以畫觀之。姤爲五月。在辰爲午。南離之所照耀。故爲品物咸章也

剛遇中正天下大行也中正五也。既遇其時。又遇中正以臨

下。而天下有風。巽令施矣。其道大行之象也。

姤之時義大矣哉

司馬光曰。世之治亂。人之窮通。事之成敗。不可以力致。不可以數求。遇不遇而已矣。舜遇堯而百揆時叙。禹稷皋陶遇舜而六府三事允治。不然則泯泯於衆人之中。後世誰知哉。諸説皆同意。獨朱註幾微之際。聖人所謹。其意謂上文咸章大行。遇之得時也。而不好之漸已生於微。當謹於此。其言雖深。失大字之義矣

萃聚也。順以説。剛中而應。故聚也

曰故聚也。而不曰亨者。聚有亨道也。管子曰。明君順人心。安情性。而發於衆心之所聚。是以令出而不稽。刑設而不用。或曰。故聚之聚。當作亨

王假有廟致孝享也

有。猶有家有邦之有。

保有也。春秋脩其宗廟。陳其宗器。設其裳衣。薦其時食。及列爵序齒等。皆有廟之事也。蓋聖人之道。自孝弟始。故曰。孝者德之本。教之所由生。又曰。孝弟爲仁之本。然則王者成萃。莫先於宗廟之禮。致孝享以帥天下矣

利見大人亨。聚以正也

利見之亨及利貞。皆因二五之正。故合而釋之曰。聚以正也

用大牲吉。利有攸往。順天命也

如敢用玄牡。敢昭告于上天。順天命之事

觀其所聚。而天地萬物之情可見矣

郭雍曰。天地萬物之情所以聚者。不過順說而已。徐幾曰。咸則見其情之遍。恒則見其情之久。萃則見其情之同

柔以時升

萃倒則二剛入于地下。故三柔皆不得不升。是時也

巽而順剛

中而應是以大亨（變元亨爲大亨者。明二之剛亨也。）用見大人勿恤有慶也（慶坤象）南征吉志行也（體巽順者不得遽行。然其志乃可得。而曰南征者。因卦象耳）

困剛揜也（以升降言之。則否之二。不往於五。而往於上。以對卦言之。則井之初。反顚在上。是皆五以剛所揜於柔也。在尊位者。有所揜蔽於陰柔小人。則下必困。故曰剛揜也。卦名義止是已。下文言通其困。故其取象異矣）

險以說困而不失其所亨其唯君子乎貞（此贊五之貞也。下雖險。而以說臨之。不毀和氣。處困能守其正。而不失其所。故亨。能如此者。其唯君子乎。貞下文大人。專稱德之大。此則

兼德位。有清高貴人之操。故曰君子。所下絕句。亨一字句。龍仁夫之讀也。君子乎貞語勢

猶曰強哉矯。大人吉以剛中也謂二一。故不言正有言不信

尚口乃窮也上爲兌主。而卦窮矣。困猶可處。至窮則不可處。如王莽口聖言

是矣。老子曰。多言數窮。不如守中。與此象義合

巽乎水而上水井巽木入於坎水。而上其水。乃困倒之狀也井養而

不窮也水濟用於上。木進退於下。愈汲愈生改邑不改井乃以

剛中也剛中謂二一。孔穎達曰。更无他義。故不具舉經文也汔至亦未

繘井未有功也羸其瓶是以凶也未有功。不可遽謂之

凶矣。敗其柄。所以凶也

革水火相息。二女同居。其志不相得。曰革。程傳曰。息爲止息。又爲生息。物止而後有生。朱熹曰。大略與睽相似。相違爲睽。相息爲革。孝成謂。睽卦辭不由卦名。釋名釋辭自判然矣。革則卦辭由卦名。而取象不同。故言曰革以分釋名釋辭也

已日乃孚。革而信之。文明以說。二爲革主。革以文明。初未能信。革而後信以說之

大亨以正。五以剛應於二。而尊於外。其道大亨。萬邦以正。此釋元亨利貞。變元爲大者。明爲五剛象

革而當。其悔乃亡。鼎反而二五皆位當。胡炳文曰。象未有言悔亡者。惟革言之。革易有悔也。必革而當。

其悔乃亡。聖人愼之之意可知矣天地革而四時成離夏兌秋。春冬
在其中矣湯武革命順乎天而應乎人革之時大
矣哉革命。革王命也。乃改正朔。易服色制度
之事。離爲甲兵。兌爲肅殺。有動干戈之
象焉。王者用干戈而興。蓋黃帝以上皆然。不
獨湯武。此稱湯武。亦近取譬耳。義如帝乙歸
妹矣。順天。因互有巽乾。而謂離明巽順乎天
也。應人。因二對說體五。成湯懃德。恐來世爲
口實。武王之事。義士猶或非之。但時使之然
有似四時之革已。是非義教之所用。故不言
義用也。後世逆臣革命。
自稱義師。革豈義乎
鼎象也卦之爲鼎。因有鼎象也。凡卦名取形象者三。頤井鼎。頤天形也。井亦有天井。惟

鼎人爲於是有卦器先後之疑然有火食則有鼎焉繫辭火食不言取諸卦則有鼎也尙矣包犧取以名卦耳夫生民之用莫重於火食是以後世聖人文之以禮樂而鼎爲宗廟寶器儀象之大者如禹之九鼎可見故釋象於鼎特曰象也

以木巽火亨飪也

此下擧用鼎之事以釋辭焉下巽上離以木入火用鼎烹飪也

聖人亨以亨上帝而大亨以養聖賢

此因烹飪取新之義爲制作禮樂化成天下之事故亨養皆言聖聖者作者之稱也上帝即五帝其神在天而宗祀明堂者說在豫象蓋治化之要莫深於神道焉莫先於得人焉故言用鼎於祭祀賓饗也朱熹曰亨帝貴誠用犢而已養賢則饔飧牢禮當極其盛故曰大亨舉正无而大亨三字

巽

而耳目聰明孔穎達曰。既能謙巽大養聖賢。則明目達聰。朱熹曰。下巽巽巽也。上離爲目。而五爲耳。柔進而上行得中而應乎剛是以元亨革二爲主。進爲鼎五。革主踐位而設教之象。故曰柔進而上行。剛謂二。應剛。亦養賢之事。經言吉而此不言者。稱用鼎之美盡矣。吉不待言也。

震亨此揭陽氣發動。而起下之人事亨之義也。孔穎達曰。或本无此二字。震來虩虩恐致福也笑言啞啞後有則也恐而脩省。則可以致福矣。後有則而不失脩省。則其福可永保也。震驚百里驚遠而懼邇也出可以守宗廟社稷以爲祭主也宋范諤昌本出上有不喪匕鬯四字程朱從之或云出卽鬯字之誤舉正亦有不喪匕鬯四字而无出字然承上文中外驚懼則出一字足以達意矣不必補闕出震象蓋謂繼世焉

艮止也時止則止時行則行動靜不失其時其道光明剛者動而進者也柔者靜而退者也一剛動進既至於上則无所行而止矣剛止於上而柔靜於下爲艮此卦重艮三至五震有止而又進進而又止靜而又動動而又靜之象故以動靜行止當其可爲言孟子所謂可以處而處可以仕而仕者也其道所以光明也光明亦剛見於上之象震雷在上君象艮山在下臣象故此言士之進止也

艮其止止其所也三雖止互有震未得其所唯上得其所而能止也人

身唯背不動。乃止象。孔穎達曰。易背曰止。以明背即是可止之所也。晁說之曰。艮其止。當依卦辭作背。未知孰是。

上下敵應不相與也

初四二五三上。皆相敵應。止而不和。是非可進之時也。

是以不獲其身行其庭不見其人无咎也

漸之進也女歸吉也

此言漸之進也。譬如女歸之有序次則吉也。女之歸備禮而後行。故漸有待而後進之意。長女少男。人倫之變。有待者有如是者焉。蠱卦亦長女少男。然女先男。非禮義之正。與漸待男行不同也。

進得位往有功也

進以正可以正邦也其位剛得中也

此以對卦釋利

貞也。五自歸妹之二進而得位。故往有功也。曰正邦者。義與蹇彖同矣。孔穎達曰。其位剛得中者。上言進得位。嫌是兼二三四五等。故特言剛得中以明得位之言唯是五也。或疑其位剛得中也六字。註者之言。誤入正文。

止而巽動不窮也

此廣明漸進之義也。張清子曰。艮止於內。而巽以行之。動而不暴。則不至於困窮也。

歸妹。天地之大義也。天地不交而萬物不興。歸妹。人之終始也。

大義。謂棄小而取大。如大義滅親可見焉。一夫一婦天地之義。如姪娣從其姑姊而充妾媵。固有小嫌。然所以廣其繼嗣。則是天地之大義也。爲卦升降泰之三四。泰之既移。有否之將來之兆。則是天地不交。而萬物不興也。聖人有觀乎此。制歸妹之禮。以爲女之終。少長相合。而生育始。乃人之終始也。且王侯之子弟。皆爲臣僕於其父兄。姪娣之充妾媵。義當然。後世此道不明。內有怨女。乃至貴者憂螽斯之福矣

說以動。所歸妹也。承上文。釋卦名。又言卦名有說動象。以起卦辭戒凶不利之端。王弼曰。雖與長男交。嫁而係娣。是以說也。

征凶。位不當也。无攸利。柔乘剛也。漸歸妹相反。其要在三四兩畫。漸否之變。柔自三漸進於四。否將遁焉。止而巽。動也不弱。歸妹。泰之變柔自四來於三。泰將移焉。漸二至五。皆正。可以正邦矣。歸妹二至五。皆不正。動於說者。不遑慮於不正。兵法位欲嚴。位不當。征凶必矣。漸之五剛乘柔。其令行焉。歸妹之五柔乘剛。无攸利也。三五皆乘剛。而此則主五言之也。

豐大也明以動故豐卦名取象於明動。辭則取泰之變王假之尚大也勿憂宜日中宜照天下也尚大。謂五舉泰二。而使近於己則爲日出東方象日中則昃月盈則食天地盈虛與時消息而況於人乎況於鬼神乎上文明豐之可以保泰。以釋卦辭。此則言豐亦難保以致戒也。因南離言日中。因泰變言天地鬼神遠矣。故先人而後鬼神也。胡炳文曰。盈虛消息。唯剝與豐言之。剝則君子之道已消而虛。故有息之幾。豐則天下之勢已息而盈。故有消之幾。天地鬼神。乾卦後唯謙與豐言之。謙則有虛。可以待盈。豐則自盈必至於虛。此固天地鬼神之常理也。朱熹曰。於豐之時。如捧

盤水。戰競自保。方无傾側滿溢之患。若纔有纖毫驕矜自滿之心。即散矣

旅小亨。柔得中乎外。而順乎剛。止而麗乎明。是以小亨旅貞吉也否之三往得中乎外。而順四上。雖貴客而弱。故小亨也。止而麗明。故旅貞吉也。再言小亨者文耳

旅之時義大矣哉如夏少康晉重耳。皆得旅之時義而興者也

重巽以申命。剛巽乎中正而志行。柔皆順乎剛。是以小亨。利有攸往。利見大人巽為命令。重巽故曰申命。中正謂五。居尊出令。巽順中正。所以志行也。但初四皆以柔主乎內外。故不能大行。然又

能利往利見以
巽順於剛也

兌說也剛中而柔外說以利貞剛中謂二五。柔外謂三上。上下相說而貞。則百事可利矣是以順乎天而應乎人說而能貞。天人之所與也說以先民民忘其勞說以犯難民忘其死說之大民勸矣哉樂只君子。民之父母。民之所好好之。民之所惡惡之。夫然後上下和說。猶且先民後己。爲民犯難。則民盡其死力。順天應人之事可爲矣。不然雖強如秦富如隋。而天不祐人不與。終亡而已矣。民勸。所謂子庶民則百姓勸者也

渙亨剛來而不窮柔得位乎外而上同否之四來。而下

爲坎。坎爲通。故不窮也。其二往居四。得位能
巽順於五。而主命令。在上之五亦同焉。皆亨
道也。**王假有廟。王乃在中也**中謂五。五任事於四。在中而不叢脞。
禮曰。宗祝在廟。三公在朝。三老在學。前巫後史。卜筮瞽侑。皆在左右。王中是矣。**利涉**
大川。乘木有功也不釋利貞者。乘木而爲功者五也。五之爲正。利貞不待言也。
節亨。剛柔分而剛得中泰之三往於五。其五來於三。剛柔分而剛乃得
中。爲卦主。所以亨也。渙散也。節止也。二卦相對。名義自明。故彖皆不釋名義也。**苦節**
不可貞。其道窮也節貴得中。過中則窮。上乃當之。**說以行險**

當位以節中正以通下說而上行險。是爲民勞者也。仁之術也。且五當尊位。以身自節。而其事中正。故不至窮也。通亦坎象。坎在一卦。或以爲窮。或以爲通。所謂峯嶺之看者也。

天地節而四時成節以制度不傷財不害民孔子曰。節用而愛人。有若以徹爲足用。荀卿以節用裕民論富國。皆與此文。如合符矣。

中孚柔在內而剛得中說而巽孚乃化邦也有政而邦乃可治矣。有孚而邦乃可化矣

豚魚吉信及豚魚也司馬光曰。豚魚幽蟄無知之物。苟飼以時。則應聲而集。而況於人乎。或曰。下豚魚與舟虛會韻。舉正

以爲行文者誤利涉大川乘木舟虛也乘巽木於澤上。舟楫之象。王弼曰舟虛則无溺。用中孚以涉難。若乘木舟虛也。程頤曰。卦虛中。爲虛舟象中孚以利貞乃應乎天也因五爲卦主而中正。故再言中孚。又言應天。天亦因五象。如飛龍在天。翰音登天。皆同義

小過小者過而亨也過以利貞與時行也過以利貞。以二既過中而止乎正言之。故曰與時行。艮象所謂。時行則行者也柔得中是以小事吉也謂五爲卦主而執震長之事。小事吉。解在睽象。擧正曰。是以可小事也。今脫可字。而事字下誤增吉字剛失位而不中是以不

可大事也此謂四也。三雖利貞。然在下卦。不能大有爲。五雖尊亦柔小。四在上卦而爲震主。當大有爲。惟柔過時。不正不中。所以不可大事也有飛鳥之象焉此以全卦言。故更發辭爲與剝象觀象。語意相類矣飛鳥遺之音不宜上宜下大吉上逆而下順也聲音發揚之物。故上順而下逆。有形之物反。是故上逆下順。以飛鳥言之。以譬人之躬行宜順下也。以上逆下順爲音者不解事甚矣

既濟亨小者亨也王弼曰。小者不遺。乃爲皆濟故舉小者以明既濟也。孔穎達曰。具足爲文。當更有一小字。但既疊經文。略足以見矣。舉正曰。既濟亨小。小者亨也。今

脫一小字。朱熹曰。濟下疑脫小字。朱註似穩

利貞剛柔正而位當也

剛柔正以六畫言之。位當以二五言之。以表卦主矣

初吉柔得中也

柔得中二也。其道窮五也。二進於下。五窮於上。

終止則亂其道窮也

无所往而止。乃火炎水涸之象。程頤曰。五才非不善也。時極道窮。丘富國曰。人之常情。處无事則止心生。有所怠而不復進。此亂之所從起。處多事則戒心生。有所畏而不敢肆。此治之所由兆。治亂者天也所以制其治亂者人也

未濟亨柔得中也

五以柔中。能聽於二。

小狐汔濟未出中也

二得五之應。而勇於濟。然未出險中。故不能既之也

濡其尾无攸利

不續終也瀆於初二，而不能續終。靡不有初，鮮克有終。**雖不當位，剛柔應也**六畫皆不正。一无當濟位而任之者。雖然剛柔皆應，有可濟之理。此於經无所釋。因剛柔應，明未濟之可濟，以對旣濟終亂，而終篇焉。孔子之所以周流四方，意蓋在斯矣。仁之至也

周易新疏卷五

安㑎惟親
山口　敏　同挍

周易新疏　卷五